伝説の名馬

ライスシャワー物語

柴田哲孝

ハルキ文庫

JN118202

角川春樹事務所

Legendary horse
Rice Shower
story

家畜にお墓はありません
人間のためにこの世に生まれ
人間のために生き
人間のために死んでいく
死ねば肉になります
だから家畜には
お墓はありません

——ある牧場主の言葉

序

平成七年六月四日――。

　この日、数々の名勝負を生んだ京都競馬場では、春のGⅠ戦線の最終戦となる第三六回宝塚《たからづか》記念（二二〇〇m）が行なわれていた。

事故は一一万の大観衆の目の前で起こった。中盤から終盤に差しかかる第三コーナーと第四コーナーの中間付近で、後方五番手あたりを追走していた一頭が落馬。黒鹿毛《くろかげ》の馬体はもんどりを打つように転倒し、鞍上《あんじょう》の的場均《まとばひとし》騎手が馬場に投げ出された。

　歓声は一瞬のうちに悲鳴と嗚咽《おえつ》に変わった。

　馬は苦痛にもだえながらも自力で立ち上がろうとするが、再度その場に頽《くず》れるように倒れ込み、二度と起き上がることはなかった。

　左前第一指関節脱臼《だっきゅう》。白い骨が肉と皮を突き破り、外に露出していた。四五〇kgもの体重を細い四肢で支えるサラブレッドは、脚部に重傷を負えばそれが致命傷となる。馬にはその場で安楽死（薬殺）の処分がとられた。

　馬の名はライスシャワー。牡《おす》、七歳。生涯戦績二五戦六勝、GⅠ三勝を誇る時代の名馬であった。

　競走馬がレース中、もしくは調教中に骨折し、安楽死の処分がとられることはそれほど珍しいことではない。現在でも、日本国内だけで年間に一三〇頭前後がこの手の事故により命を落としている。しかしその大半は、一部の関係者のみが知るだけで、一般のファンの目に触れることなく忘れ去られていく。

もちろん競走馬の不遇の死は、こうした事故死に限られるものではない。走らない馬は、レースに出る以前の段階で処分される。

現在日本で繋養《けいよう》される競走馬（サラブレッド）の数は約三万頭。年間約一万頭もの競走馬が新たに生産、もしくは輸入されている。この中でレースを無事に勝ち残り、種牡馬《しゅぼば》、もしくは繁殖牝馬《はんしょくひんば》として平穏な生涯を送れる馬は、ほんのひと握りにすぎないのである。三〇〇年の血統のロマンと称賛されるサラブレッドも、広い意味においては家畜である。家畜は人間のために生まれ、人間のために生き、人間のために死んでいく。こうした大義の上に現代の競馬が成り立つのであれば、一頭の競走馬の事故死はむしろ普遍的な必然性にすぎない。

だが、ライスシャワーは例外であった。その死は、後に社会問題にまで発展し、競馬界の内外にまで大きな波紋を投げかけることになった。

ライスシャワーという競走馬が、それだけの名馬であったのだといい切ってしまうのは容易である。事故が一一万もの大観衆の目前で起こったこと。その様子が全国にテレビで放映されたこと。その場で安楽死の処分がとられたという衝撃性も、それぞれが理由のひとつであろう。しかしこうした表面的な要因では語り尽くせない何かが、ライスシャワーの事故死に含まれているような気がする。

名馬の衝撃的な事故死は、これまでにも数多く起こっている。

昭和四〇年のダービー馬、キーストンもその一頭であった。その二年後、六歳暮れの阪神大賞典に出走したキーストンは、最終コーナーの出口で前脚を骨折、転倒。自らの痛みをこらえながら立ち上がり、投げ出された山本正司騎手に歩み寄って安否を気遣《きづか》う様子が、今も古い競馬ファンの脳裏に焼きついている。キーストンは、その直後に競馬場で安楽死の処分がとられた。

昭和五三年一月の日経新春杯では、生涯戦績一八戦一一勝という名馬テンポイントがやはり骨折、競走を中止している。現在では考えられない六六・五kgという過酷な斤量《きんりょう》を背負って出走した末の悲劇であった。せめて命だけでもという願いを込めてテンポイントは治療されたが、関係者の思いもむなしく、事故から四二日後の三月五日に全身衰弱により死亡している。

これらの名馬の悲劇の折にも、やはりその経過はあらゆるマスコミによって報じられ、人々の注目を集めた。名馬の死に多くの者が涙し、論議を引き起こした。

だが、ライスシャワーの死は、過去におけるこれらの名馬の悲劇とはまた異質な一面を感じさせる。

事故があった日の夜、競馬新聞の記者が集まることで知られる都内のある酒場では、数人の男たちが酒をあおり、男泣きに泣く姿が見られた。大の男たちがむせび泣く様子は、違和感を覚える以前に、心を動かされる何かを感じさせた。

同年八月九日から渋谷で行なわれた「ライスシャワー展」には、馬券に興味をもつ以前の世代の若者たちが足を運んだ。大画面に映し出されるレース中のライスシャワーを見て、まだ十代と思われる少女が目を赤くして涙を流していた。寄せ書き用に会場に置かれたノートには、それぞれのライスシャワーに対する切な思いと、関係者に対する辛辣《しんらつ》な意見が綴《つづ》られていた。

生まれ故郷の北海道のユートピア牧場に建てられたライスシャワーの墓には、事故から長い時を経た今も墓参者の姿が絶えない。ほとんどが十代、二十代の若者である。彼らはライスシャワーの好物だったニンジンや果物を手に、遠方から高額の交通費をかけてやってくる。東京から車で走ってくる者や、電車を乗り継ぎ、近くの駅からタクシーに乗ってくる者もいる。

彼らはライスシャワーという一頭の馬が走る姿に、何を重ね求めたのだろうか。そしてその死によって、何を失ったのだろうか。

小柄な一頭のサラブレッドは、その生と死によってひとつのカリスマとなった。人間にもできないことをやり遂げ、人間にも動かせないものを突き動かした。

その理由を解明することは難しい。ただひとつ我々に理解できることは、ライスシャワーが類《たぐ》い稀《まれ》なる名馬であった、という小さな事実だけである。

Legendary horse

第一章

誕生

Rice Shower story

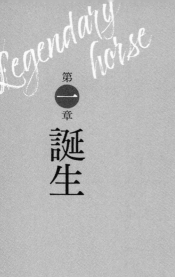

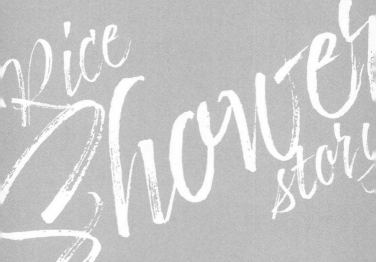

黒い仔馬

雲間に、鮮やかな満月が光を放っていた。

自然界のすべての波長が頂点に達する生命の夜である。

午前四時三〇分——。

北海道鷲別《わしべつ》にあるユートピア牧場の場長、久保正男は、いつもより小一時間早く起きて家を出た。

吐く息が白い。厚手の上着を着込んでいても、容赦《ようしゃ》ない冷気が体を刺しつらぬく。

三月初旬の道南はまだ真冬である。鷲別はそれほど雪の多い土地ではないが、それでも鷲別岳の中腹にあるユートピア牧場にはまだ二〇センチほどの積雪が残っていた。

足を運ぶゴム長靴の下で、地面がガラスを砕くような音をたてる。廃材で作られた牧柵《ぼくさく》は白く凍《こお》りつき、月明かりを受けて輝いていた。

久保の仕事が最もいそがしくなる季節である。この年、ユートピア牧場で繋養《けいよう》する繁殖《はんしょく》牝馬《ひんば》は全二七頭。前年の春に種付《たねつ》けを行なわれた牝馬が、三月の声を聞くとともに次々と出産を迎える。そして出産が終わる間もなく、次の種付けが始まる。

牧場の仕事は、ただでさえも夜が遅く、朝は早い。そのわずかな睡眠時間が、馬の出産期にはさらに削られることになる。だが、このユートピア牧場で生まれ、父の代から馬とともに生きてきた久保にとって、それは一年という長い単位の中のひとつのリズムとなってしまっている。むしろ三月は久保にとって、一年で最も楽しみな季節でもあった。

この日も一頭の牝馬が、新しい命を生み落とそうとしていた。

久保は場内を流れる川を渡り、車道を越え、丘陵《きゅうりょう》の麓《ふもと》にある古い出産用の馬房舎へと足を速めた。馬房に入ると、すでに繁殖担当の厩務員、竹田幸男の姿があった。竹田もまた、ユートピア牧場に一五年勤める古株である。以前は自分で小さな牧場をもっていた。一時他の仕事についたこともあるが、牧場の生活がどうしても忘れられなくてここにやってきた。馬とともにしか生きられない男である。

竹田は、馬房舎の入口から三番目の馬房の前に立ち、中を見守っていた。

「どうだい。どんな具合だい」

久保が竹田に歩み寄り、馬房を覗《のぞ》き込みながら声をかけた。

「だいじょうぶ。何も問題はない。順調だよ。こいつももう、馴《な》れてっからな」

馬房の中には、厚く敷かれた寝藁《ねわら》の上に、ライラックポイントの鹿毛《かげ》の巨体が横たわっていた。この年で四回目の出産になる。リアルシャダイの仔《こ》を宿した腹が大きく波打ち、すでに陣痛が始まっていることを示している。

その横たわるライラックポイントの姿を見て、久保の胸に安堵《あんど》が広がった。健康な牝馬は寝て出産を行なう。脚にはフシ（脚が腫《は》れること）もない。すべてが順調な証《あかし》であった。

気が付くと、久保と竹田の周囲には高橋、帰山らの他の厩務員の顔があった。今はこの四名で、広大なユートピア牧場のすべてを切り盛りしている。

この日はライラックポイントの、計算どおりの予定日であった。誰《だれ》もがこの日を楽しみにしていた。四人の男たちに見守られながら、一一歳の牝馬ライラックポイントは、間もなく出産を迎えようとしていた。

ライラックポイントの息遣いが、次第に荒くなってくる。腹の波打ちがさらに大きくなってくる。

陣痛が頂点に達しようとしている。四人の男たちには、その苦しみが手にとるようにわかる。

だが、手を貸そうとはしない。牝馬は苦しめば苦しむほど仔馬《こうま》に対する愛情が強くなり、よい母となる。それが自然なのだ。

ただ心の中で「頑張れ」と叫び続けること。それが男たちにできる唯一の手助けなのである。

ただならぬ気配に気が付き、他の馬房の馬たちが目を覚まし始める。仲間の出産を応援するかのように、次々と嘶《いなな》きが大気を裂く。ここには外の冷気が入り込む隙《すき》はない。凍れる大地をも溶かす熱気に満ちている。

ライラックポイントがひときわ大きく喘《あえ》ぐ。四肢が空を掻《か》きむしるように動く。

同時に、羊膜で包まれた小さな蹄《ひづめ》が体外に出始める。続いて破水。しばらくの間があって、頭が出る。

後は早い。ライラックポイントの前脚に力が入る。同じように、見守る男たちの拳《こぶし》にも力が込められる。やがてすべてが解き放たれ、新しい命が息吹《いぶき》を上げる。

馴れてはいても、心が熱くなる瞬間だ。だが男たちは、この小さな命が、この先幾度となく自分たちの心を熱くしてくれることを今は知る術《すべ》もない。

男たちは感動にひたる間もなくタオルを手にし、生まれたばかりの仔馬の体から羊水を拭《ふ》き取る。無骨な手の中に、小さな、しかし力強い、確かな命が伝わってくる。ライラックポイントも上半身を起こし、やさしい眼差《まなざ》しで仔馬の体を舐《な》める。

真黒な仔馬だった。

「やったな」

「真黒だな」

「親父《おやじ》に似たな」

誰からともなくそんな言葉が交わされた。

平成元年三月五日、午前五時三〇分——。

後にライスシャワーと呼ばれる一頭の牡《おす》の仔馬が、道南の山沿いにある牧場の片隅で生を受けた。体重は約三五kg。大柄な母馬に似ず、小さな仔馬だったが、バランスのとれた美しい体型をしていた。

仔馬は生まれて三〇分ほどで立ち上がり、母の乳を飲み始めた。

大いなる可能性

生命のリズムは、様々な要因が織り成す一定のサイクルの中で活動を繰り返している。そのサイクルに最も影響を受けやすいのが、出産と死だ。

サイクルは、天体の運行と深い関《かか》わりをもっている。例えば地球の自転。月の位置。彗《すい》星《せい》の接近など。早朝の満潮時、特に大潮《おおしお》の日に出産が集中することは誰もが知っている。ライラックポイントの出産もまた、大潮の日の早朝だった。

さらに長い周期でも、命のサイクルは繰り返されている。一年の内、春から初夏にかけての出産が多いことも、サラブレッドが野生馬であった時代からのサイクルである。また年によって、出産が順調に行なわれる年とそうでない年があることも、広い意味ではひとつのサイクルといえるだろう。

平成元年は、サラブレッドにとって数年に一度の当たり年であった。三年後の春のクラッシック戦線を賑《にぎ》わした馬の顔触れを見ても、異論の余地はない。

ユートピア牧場における出産も例年になく順調で、この年は計二五頭の仔馬が生まれている。その中にはライスシャワーとともに皐月《さつき》賞を戦うことになる後のクリトライ（母クリヤング）、ダービーに出走する後のブレイジングレッド（母クリレッド）などがいた。

黒い仔馬は最初の数日間を、生まれた馬房の中だけで過ごした。母ライラックポイントの温《ぬく》もりと柔らかな寝藁、日に何回か訪れる人間の顔。板で囲まれたこの狭い空間だけが、黒い仔馬の世界のすべてであった。

仔馬には、まだ名前は付けられていない。ライスシャワーと呼ばれるのは、かなり先のことである。牧場の人々はこの黒い仔馬を、「ライラックポイントの四番目の仔」と呼んでいた。

あらゆる仔馬がそうであるように、最初の三日間は黄疸《おうだん》が心配された。もし黄疸が出れば、血液交換を行なわなければならない。

だが、黒い仔馬は、きわめて健康だった。小柄ではあるが、よく乳を飲み、日に日に体力を付けていった。

オーナーの栗林英雄が、育子夫人とともに初めて黒い仔馬を見に訪れたのもこの頃《ころ》である。

ユートピア牧場は、いわゆる「オーナー牧場」である。馬の売買は基本的に行なわない。ここで生まれた仔馬は、すべて牧場の持ち馬として育て、素質のあるものをレースに送り出す。そしてその賞金の収益などで、牧場のすべての維持費をまかなっている。

「これはいい仔馬ですよ。将来を楽しみにしていて下さい」

この時久保場長は、栗林オーナーにそういっている。それは後にGＩに三勝もするような名馬になる、といった大それた意味ではなかった。この馬は中央のレースに出すことができる。そしてそこで、一度は勝ってくれる時がくる。新しい仔馬が生まれた時に、生産者の誰もが想うような、ささやかな願いを込めた言葉であった。

確かに黒い仔馬は、競走馬としての申し分のない素質を備えていた。そのひとつが体型である。サラブレッドの生産に長くたずさわった者なら、走る馬かそうでないかは、仔馬時代の体型を見ただけでひと目で判断できる。黒い仔馬は、典型的な〝走る馬〟の体型をしていた。

小柄であることも、ある意味では素質となりうる。身軽であれば、脚にかかる負担も軽く、故障は少ない。たとえもし故障したとしても、回復は早い。

また母のライラックポイントは、このユートピア牧場に代々伝わるステイヤー（長距離馬）の血統である。もし黒い仔馬が母の資質を受け継いでいるとすれば、小柄であることはその可能性を伸ばす上でも大きな利点となりうるだろう。

ここで黒い仔馬の素質について、血統という面からもう少し掘り下げてみることにしよう。まずは巻末の血統表を見てもらいたい。

父リアルシャダイはロイヤルチャージャー系。一九七九年にアメリカで生まれ、その後三、四歳時にフランスのクラッシック戦線で活躍した。生涯戦績は八戦二勝と勝率は高くないが、ドーヴィル大賞典（GⅡ・二七〇〇m）、マロニエ賞（二四〇〇m）の長距離レースに勝ち、仏ダービーでも二着に入っている。引退後の一九八三年日本に輸入され、早《はや》来《きた》の社台《しゃだい》ファームが繋養。同牧場を代表する種牡馬の一頭となった。後にライスシャワーと数々の名勝負を演出することになるステージチャンプも、このリアルシャダイの次年度の産駒《さんく》である。

さらにその父ロベルトは、英ダービー（二四〇〇m）などに勝った名馬だった。通常サラブレッドの距離に対する適応性は、一〇〇〇mから一四〇〇mくらいまでを短距離型、一六〇〇mから二〇〇〇mまでを中距離型、それ以上を長距離型と区別している。つまりリアルシャダイやロベルトのデータを見るだけでも、ライスシャワーの父系は典型的な長距離血統であることは明らかだ。

だがこの血統は長距離の大レースに強い反面、レース終盤の決め手に欠け、二、三着の入着が多い割に勝率が低いという欠点も持ちあわせている。この特徴もまた、後のライスシャワーの運命を大きく左右する要因となった。

次に母ライラックポイントの血統を見てみよう。

クリカツラ、クリノホシ、オオホヒカリと続く母系は、前述したようにユートピア牧場に代々伝わる長距離血統である。しかし気性が荒く、ステイヤーとしては体が大きすぎるというくつかの欠点をもっていた。

ライラックポイントの父マルゼンスキーは、二〇世紀最大の種牡馬《しゅぼば》といわれるノーザンダンサー系の名血である。一九七四年にニジンスキーの持ち込み馬として輸入された馬で、当時は㊕（外国産馬）の扱いを受け、ダービー等の出走権を得られなかった。しかし戦績は三、四歳時に八戦全勝。八戦で二着以下に計六一馬身差というとてつもない強さを見せつけた。特に朝日杯三歳ステークス（一六〇〇m）で記録した一分三四秒四というレコードは、一六年後に㊕のリンドシェーバーに破られるまで長く日本の競馬史に君臨し続けることになった。

この母方の祖父マルゼンスキーも、ライスシャワーに大きな影響を与えた一頭である。そのひとつが、ライスシャワーのステイヤーとしては異例のスピードと、末脚（レース終盤の脚の伸び）の鋭さである。もしこのマルゼンスキーの血が入っていなければ、ライスシャワーがあれほど競り合いに強い馬になったかどうかは疑問だ。

反面、脚部の弱さという欠点もあった。マルゼンスキーは自身も脚を痛め、四歳という若さで引退している。この脚部不安という欠点は、後に様々な意味でライスシャワーを苦しませることになる。

父リアルシャダイ、母ライラックポイント——。

この配合を最初に提案したのは、繁殖担当の竹田である。

竹田はサラブレッドの配合に関してはベテランである。しかしライラックポイントにリアルシャダイを付けることにより、後に評論家の大川慶次郎氏に〝ヘビー・ステイヤー〟といわしめるほどの馬を作ろうなどとは毛頭考えてもいなかった。狙いはむしろ、長距離もこなす中距離馬、であった。

相談を受けた久保場長も、この意見に異論はなかった。大切なのは血統よりも、むしろ相性である。それが久保の持論だった。

以前にも何回か、ユートピア牧場では繋養する牝馬にリアルシャダイを付けたことがあった。血統的には、ライラックポイントよりもむしろ期待できる配合もあった。しかし相性が良くなかったのか、それほどの馬は生まれていない。

ライラックポイントなら、相性が合いそうだ。久保はそう考えたにすぎない。

それよりもライラックポイントの馬体が大きすぎること。気性が荒すぎること。この二つの小さな欠点が、リアルシャダイの血によって解消されればそれだけで十分だった。その狙いは、確かに的を射ていたことになる。

久保はこの配合を試してみたいということを、竹田とともに栗林オーナーに進言した。

「私は馬のことはわからない。専門家は君たちなのだから、好きなようにやりなさい」

牧場の実務の判断に関しては、久保場長以下四名の厩務員にすべてまかされる。それが栗林オーナーのやり方だった。オーナーの賛同を得て、久保と竹田の試みは晴れて実行に移されることになった。

この配合で興味深いことは、父方の六代前と母方の六代前に、それぞれネアルコがいることだ。この配合は、ネアルコの六×六の同血クロス（同一の祖先によって血が交わること）をもつインブリード（近親配合）ということになる。

さらにライスシャワーの父方の祖父ロベルトは、自身がネアルコの四×四の同血クロスをもつ典型的なインブリード馬であった。つまりライスシャワーは、ネアルコの同血クロスを重複してもつことになる。

サラブレッドは約三〇〇年前に、イギリスの土着馬と北アフリカのアラブ種を交雑することによって生まれ、厳重な血統管理のもとに現在に至っている。その父系を溯《さかのぼ》っていくと、ダーレーアラビアン、ゴドルフィンアラビアン、バイアリータークのたった三頭しか祖先が存在しない。ライスシャワーはその父系も母系も、サラブレッドの主流となるダーレーアラビアンの末裔《まつえい》である。

しかも近年は、二〇世紀最大の種牡馬といわれるノーザンダンサーやロイヤルチャージャー等、全世界のサラブレッドの半数以上にネアルコの血が混入しているとさえいわれている。こうした現状の中で、ネアルコに限らず、インブリードによる同血クロスをもつサラブレッドは特に珍しい存在ではない。八代前まで祖先を溯れば、同血クロスをもたないサラブレッドはほとんど皆無である。

しかしライスシャワーのように、一頭の祖先の同血クロスを重複してもつ例はそれほど多くはない。

あらゆる動物に当てはまることだが、インブリードは生物学的にも多くのリスクを抱えている。もちろん馬もその例外ではない。

極端なインブリードによって生まれたサラブレッドは、外見は健康に見えても様々な欠陥をもっている場合が多い。その欠陥は、内臓奇形、脚部虚弱、骨格異常、性格異常、知能障害など多岐に及ぶ。しかし逆にインブリードが効果的に作用し、優れた馬の特質を有効に後世に伝える場合もある。ライスシャワーの例は、少なくともこの時点において、後者にあてはまるように思えた。

黒い仔馬が初めて外の世界を見たのは、生後一週間目の晴れた日の朝だった。

母とともに馬房の裏手にある狭い放牧地に放たれた仔馬は、強い光と冷たい風、あまりにも遠大な風景に最初は戸惑いを見せていた。しばらくは母の周囲にまとわりついていたが、やがて好奇心にかられるように探索を始める。枯れた牧草地を踏みつける感触。ところどころに残る白い雪。すべてが新鮮だった。

ライラックポイントは、時折牧草を口に含みながら、放牧地に遊ぶ我が仔の姿を優しい目で見守っていた。仔馬が自分の周囲から離れすぎると、喉《のど》から諫《いさ》めるような声を出して呼び寄せる。

牝馬としては気の荒い馬だ。しかし仔を生めば、仔育てのうまい最高の母となる。ライラックポイントはそんな馬だ。

何かに驚いたのか、黒い仔馬が後ずさるようにピョンと跳ねた。その動きには、生後一週間の仔馬とは思えないほどの強靱《きょうじん》なバネが秘められていた。

春の日差しの中で

ユートピア牧場は、五〇年以上もの歴史をもつ老舗《しにせ》である。

広さは約三五〇町歩（三五〇ヘクタール）。以前はホルスタインを中心に飼う酪農牧場であった。

竹田幸男がこの牧場に移り住んだ昭和五〇年頃には、まだ当時の牛舎がいくつか残っていた。しかし現在は堆肥を取るために少数の肉牛を放牧するだけで、あとはすべてサラブレッドに切り換えられている。

早朝四時五〇分、ユートピア牧場の一日が始まる。

まず、朝のカイ付け（飼い葉を与えること）。ユートピア牧場では、飼い葉用の切り草はすべて輸入品（北米産）のティモシーを使っている。放牧地にも同種のティモシーとアカレンゲ、クローバーなどが蒔《ま》かれているが、太陽光線の関係などでどうしても質は落ちる。放牧中に食べ残されたものはすべて刈り取られ、馬房の寝藁として使用される。

カイ付けが終わるのを待って、馬たちは丘陵の上の広大な放牧地に放牧される。厩務員たちの朝食。その後は馬房の掃除、機具の手入れ、柵作り、開墾、牧草の種蒔きと、雑用に追われるうちに日中が過ぎていく。

午後四時、馬を馬房に入れて二度目のカイ付け。同時に放牧から帰った馬の脚を診たり、バスタオルで体を拭いたりと手入れを行なう。自分たちの夕食の後、七時半頃から三度目のカイ付け。水をやり、後片付けをして、長い一日が終わる。

厩務員に自分の時間はない。馬が怪我《けが》をしたり病気になれば、さらに仕事は増える。何か事故が起これば、僅《わず》かな睡眠時間をさいて夜中にでも起きていかなければならない。

仔馬は生後五カ月間は、母馬に付けて育てられる。五月中旬になり、北海道にも遅い春の風が吹き始める頃になると、ユートピア牧場では仔馬は母馬とともに丘陵の上の放牧地へと移され、そこで夏を過ごす。

仔馬が乳離れをするまでの世話は、繁殖担当の竹田の仕事である。生後三カ月が過ぎ、乳とともに飼い葉も食うようになると、二五頭もの仔馬の世話は忙しさのピークに達する。

黒い仔馬も、六月の初旬から飼い葉を食うようになった。切り草、燕麦《えんばく》、ペレットを中心に、ニンニクミソやニンジンといった調味料を混ぜる。

最初は一回に計一升程度。黒い仔馬は小柄な割によく食べた。風邪《かぜ》もひかず、腹をこわすこともなく、健康だった。

この年にユートピア牧場で生まれた二五頭の仔馬の中で、黒い仔馬は特に人目をひく存在だった。社台ファームやメジロ牧場など近隣の一流牧場からも次々と人が訪れ、この年の仔馬を見ていった。そして必ず、黒い仔馬に目を留めた。

「体のバランスがとれている。いつかは走るようになる」

誰もが一様に、黒い仔馬に高い評価を与えた。

中には「売る気があるのなら買いたい」という話もあった。もしユートピア牧場が通常の繁殖牧場で、生まれた仔馬を売るという商法をとっていたとしたら、黒い仔馬はかなりいい値で取り引きされていたことだろう。

美浦《みほ》の飯塚好次調教師が初めて黒い仔馬を見たのは、春もまだ浅い四月の初旬のことであった。

飯塚はそれ以前にも何回かユートピア牧場の馬の面倒を見たことがあった。母のライラックポイントや、その初仔のクリダリアも飯塚厩舎《きゆうしや》に世話になっていた。そのライラックポイントに良い牡馬が生まれたと聞き、茨城の美浦からわざわざ北海道に飛んできたのである。

だが飯塚はこの時、黒い仔馬を〝特別な馬〟とは感じなかったという。

確かに上品な仔馬だった。小柄であることも気に入った。顔、特に目の輝きもいい。しかし尻が小さく、どことなくあか抜けない印象も与えた。

飯塚は自身が騎手だった時代に、ダービーを三度走っている。だが、勝てなかった。昭和四七年に調教師の免許を取得し、四九年に厩舎を開業してからも、ダービーを始めGⅠは一度も取っていない。ある意味で、自分にはそのような馬は一生縁がないものと、あきらめている部分もあった。

しかしこの黒い仔馬ならば、GⅠは別としても、そこそこは中央で走ってくれるだろうという直感はあった。

飯塚はその場で栗林オーナーに、黒い仔馬を将来自分の厩舎に預けてくれるように願い出て、了承された。

誰もがこの黒い仔馬の素質に気が付いていた。しかし逆にいえば、誰一人として、その真の可能性を見極めることはできなかった。まして黒い仔馬自身が、自分の力に気が付くわけもない。

利発で、素直な仔馬だった。母馬の愛情に守られ、人の手によく甘えた。放牧場では、体が小さいがために、同年代の仔馬にのしかかられて押さえつけられることもあった。そのような時には、噛《か》みかえす気の強さももっていた。

飼い葉をむさぼり、日中は牧草の上をころげ回って遊び、夜は母の胸の中で眠る。それが黒い仔馬の世界のすべてであった。

若駒

北海道の夏は短い。

丘陵にあるユートピア牧場の放牧地は、九月に入ると間もなく秋の気配に色付き始める。

九月二〇日、黒い仔馬は母とともに山を降りた。離乳。今後は仔馬ではなく、一頭の若《わか》駒《ごま》として扱われることになる。母ライラックポイントの胎内には、すでに次の仔馬が宿っていた。

黒い若駒は母と別れ、他の仲間とともに中登別《なかのぼりべつ》にある分場へと移された。本場ほど広くはないが、平地にあるために比較的温暖なこの地で、長い冬を越えることになる。間もなく分場にも雪が降り始める。サラブレッドは寒さには強い。しかし放牧場に雪が積もれば、満足な運動もできなくなる。

遊び盛りの若駒にとっては、長く退屈な数カ月間である。しかし育ち盛りのサラブレッドにとっては、この冬の期間が最も大切な時間でもある。栄養のある飼い葉を食べ、体を休めることによって成長する。

小柄だった黒い若駒も、日に日に体が大きくなっていった。食欲もあいかわらず旺盛《おうせい》で、好き嫌いなく何でもよく食べた。

この頃には、一回に四升もの飼い葉をたいらげるようになっていた。そして翌年の五月、本場へ戻された時には、体重は三〇〇kgを超えていた。

まだ雪の残る丘陵の放牧地で、二歳馬の本格的なトレーニングが始まる。若駒は、四〜五頭ずつのグループに分けられ、広大な丘陵を四輪バギーやモトクロス用のバイクで追われる。

黒い若駒は、ひときわ目立つ動きを見せた。鋭い瞬発力で、他の馬を一気に引き離していく。その姿は若い力に満ちあふれ、見る者にさわやかな感覚さえ与えた。

竹田も、黒い若駒の動きに魅せられた。

竹田はユートピア牧場の繁殖担当であると同時に、トラクターや農機具のメンテナンスを行なうメカニックでもある。ガレージの前でトラクターの整備をしていると、丘陵から力強い蹄の音が聞こえてくる。ふと見上げると、バギーで追われる若駒の馬群が目に入る。タバコをふかしながら、しばしその姿に見とれていると、いつの間にか黒い若駒の動きを目で追っている自分に気が付く。

他にも目立つ若駒が何頭かいた。中でもクリヤングの仔の青鹿毛《あおかげ》とクリレッドの仔の鹿毛、後のクリトライとブレイジングレッドの二頭である。特にクリレッドの仔は、時として黒い若駒を上回る素質を見せつけることもあった。

この三頭は、将来どのような夢を見させてくれるのだろうか。そう考えると、一年後のデビューが待ちどおしかった。

ユートピア牧場の地形は〝山〟である。元来は牛を飼うための牧場であった。サラブレッドの牧場としては異例ともいえるほど高低差が激しい。また地盤も柔らかく、雨が降れば〝タンボ〟のようになる。

「よくこんなところでサラブレッドをやってるな」

久保場長は、よく他の牧場仲間からそのようにいわれる。しかしここで生まれた馬は、二歳の春から〝山〟で走ることを覚える。急な坂路をものともせずに駆け上がり、恐れることなく駆け下りる。〝タンボ〟のような調教路で、足腰を鍛える。それがユートピア牧場の産駒ならではの特徴を生み出す。

ライスシャワーは、高低差が大きい京都競馬場を得意としていた。特に第三コーナーの長い下りを、まるで平坦地のようになめらかに駆け下りることで有名だった。重馬場もけっして苦にはしなかった。

これは血統だけの成せる業《わざ》ではない。むしろ育ち盛りの一年間を、ユートピア牧場の山で過ごしたことによる、後天的な才能であったといえるだろう。

平成二年五月二五日。「ライラックポイントの四番目の仔」は、サラブレッドとして、正式に血統登録が成された。

第七六九九号、品種／サラブレッド、性／雄、毛色／黒鹿毛、生年月日／平成元年三月五日生、特徴／珠目上・髪中・波分長、血液型番号／1E130――。

これが以後、この黒い若駒が他馬と区別されるための正式な基準となった。

サラブレッドであるということ。これは一頭の馬の生涯にとって、非常に大きな意味をもつ事実である。それは中央の大レースを走るための最初の資格であり、将来子孫を残す権利であり、戦い続けることを義務付けられた運命でもある。

そしてもうひとつ、サラブレッドであるがゆえの、生命体としての悲劇を含んでいる。

速く走るためには、軽く、細く、しなやかな脚が必要不可欠となる。しかしその〝速い脚〟を得るためには、四〇〇kg以上、五〇〇kgにもなる体重を支える〝強い脚〟など、多くの要素を犠牲にしなければならない。それをあえて容認し、速い脚だけを追求して繰り返される人工的な作為は、ある意味で自然の摂理に反した人間の欺瞞《ぎまん》である。しかもその方法と理論は、サラブレッドの誕生以来三〇〇年という長い時を経た現在も、試行錯誤の域を脱していない。

「ライラックポイントの四番目の仔」は、サラブレッドを象徴する速い脚をもって生まれた、選ばれた〝速い馬〟であった。しかし速い馬であるという事実は、同時に、〝脚の弱い馬〟という相反する要素ももち合わせていることになる。

黒い若駒は、夏風の中を疾駆する。それは自らの力を確かめ、鍛えることを楽しむ歓喜の躍動であるかのように見えた。その姿からは、いずれ現実となる、運命の影を感じとることはできなかった。

黒い若駒は、何かに憑《つ》かれたように、鵞別の丘陵に蹄を刻み続けた。

旅立ち

夏の北海道の生産牧場は、どこも活気に満ちあふれている。前年に生まれた二歳馬が群を成し、青空の下で軽やかな蹄の音を響かせる。その光景は、サラブレッドに関わるすべての者にとって、ひとつの風物詩でもある。

サラブレッドは走ることが好きだ。いや、それ以前にあらゆる馬は、誰に求められるでもなく自らの意志で走り、競い合うことを覚える。時として彼らは、ライバルとなる他の馬に競り勝つことに命を賭す場合すらある。

なぜ馬は走るのだろうか。

現代の馬の始祖は、約五〇〇〇万年前に北米で発祥したヒラコテリウムという小型の草食哺乳類《ほにゅうるい》であるといわれている。その後ヒラコテリウムは少しずつ大型化し、南米、ユーラシア大陸へとそのテリトリーを拡大していった。

野生馬は、有史以前から人間と深い関わりをもってきた。最初は食糧として狩猟の対象となり、やがて家畜化されて、より人間の生活に密着するようになる。馬の家畜化が、いつ、どこで始まったのかについては正確なことはわかっていない。おそらく同時多発的に、世界各地で起こったものとされている。

馬が家畜化されるのに伴い、野生馬は各地で絶滅していった。現存するのはただ一種、中央アジアのモウコノウマのみである。北米大陸のマスタングも、真の意味では野生馬ではなく、ヨーロッパから持ち込まれた家畜が野生化したものにすぎない。つまり現代の馬は、サラブレッドも含めて、ほとんどが人間による〝改良種〟ということになる。

だが、いくら家畜化され改良されても、本能は残る。本能を失えば、あらゆる動物は子孫を残すことはできない。

まだ野生であった時代、草食動物の馬は、外敵から身を守るために群を成して生活していた。その数は通常十数頭から数十頭。一頭の牡が中心となり、若い牝や牡馬、仔馬などで群は構成されていた。

群の中で子孫を残す権利をもつ牡は、最も強い牡であるリーダー一頭のみ。つまりハーレムである。これは強い子孫を残し、種族を繁栄させるという意味において、必要不可欠な要素であった。

強い牡とは、どのような馬なのだろうか。もちろん他の動物のように牡同士が闘争し、勝負を決する場合もあった。しかし牡同士の戦いに勝ったとしても、草食動物である馬が、肉食獣にも勝てるというわけではない。多くの場合、外敵に襲われた野生馬は〝走って逃げること〟が唯一最良の生き残る方法であった。つまり〝速く走れる牡馬〟こそが、本来の意味で〝強い牡馬〟だということになる。

もちろん牝馬もこの例外ではない。速く走れる牝馬は、すなわち優秀な馬であり、強い牡から最初に種を分け与えられる権利を得る。その権利のために、牝馬もまた牡馬と同様に走り、競い合う。

よく、サラブレッドは本能で走る、といわれる。その本能とは、こうした野生馬の時代から五〇〇〇万年もの時を受け継がれた闘争本能であり、また種族保存本能なのだ。

そして競馬という文化は、その本能を利用したシステムということができる。ひとつのレースに出走する馬群は、それ自体が野生馬の群と同じ意味をもつ。馬が他馬と競い合うという行為は、すなわち群のボス争いに他ならない。

馬の闘争本能はまず最初、同年代に同じ群の中で生まれた同性間によって引き出される。この初期の闘争本能は乳離れする頃から表面化し、完全に性成熟する四歳頃まで続く。オークスやダービー（ルール上は牝馬も出走可能）などのクラッシックが、同じ四歳馬の同性間で行なわれるのも、結果的にはこの初期の闘争本能を効果的に利用したレースだということになる。

やがてその闘争本能も馬が性成熟するとともに種族保存のもうひとつの本能が加わり、より複雑な意味をもつようになる。そしてその範囲も、同年代の同性から、あらゆる世代の馬へと広がりを見せる。古馬のレースの多くが、牡牝混合、しかもあらゆる年齢の馬を用いて行なわれるのはそのためである。

サラブレッドは、いくら馬体が優れていても、それだけでは勝てる競走馬とはなりえない。その体力的な能力をレースで引き出すのは、最終的には闘争本能であり、種族保存本能なのだ。最高の素質をもっていながら、本能が弱いために一流となれなかった馬はいくらでもいる。

ユートピア牧場で生まれたライラックポイントの四番目の仔は、小柄ではあったが、少なくとも体力的な素質をもつことは誰の目にも明らかだった。超一流になれるかどうかは別として、中央で戦い、勝つことはできるだろう。問題は、闘争本能が強い馬であるかどうかだ。

だが、その闘争本能に関しても、二歳の夏には早くもその資質を見せ始めていた。一頭で走る時よりも、競い合って強い。頭が良く、素直ではあるが、気の強さは母のライラックポイントから受け継がれている。

群で走っていても、特定の一頭に狙《ねら》いを定めると、がむしゃらにその前に出ようとする。そして一度前に出たら抜かせない。群全体の先頭に立つよりも、ライバル視する一頭の馬に勝つことを好む。この特質は、後に大レースにおいて、様々なドラマを生む要因となった。

やがて短い夏も終わり、黒い若駒は生まれ故郷のユートピア牧場で二度目の秋を迎えた。冷たい秋風は、この牧場で働く四人の男たちの胸の内にも沁《し》み入ってくる。前年に生まれた若駒たちとの、別れの時を告げる風である。

ある日場長の久保は、二歳馬を一頭ずつ外に出し、鞍《くら》をその背に乗せ、馬銜《はみ》付けを行なった。これをいやがり、あばれる馬もいる。しかし黒い若駒は、最初少しだけ驚く様子を見せたが、いつものように素直に従った。

久保が乗ってみる。黒い若駒は、それでもあばれなかった。少し歩いてみて、竹田が乗り替わる。続いて高橋、帰山らが次々とその感触を楽しんだ。

どんな名馬であっても、最初にその背にまたがる権利は、生産牧場の厩務員たちのものだ。その馬が一流になるのかどうかはわからない。しかし若駒に最初にまたがる時の感触は、一年半の苦労の末に成し遂げた仕事の証しとして、それぞれの胸に大切な思い出として仕舞い込まれる。

「小さいけれど、なかなか乗り心地のいい馬だった……」

久保場長は当時の様子を、後にそのように述懐した。

黒い若駒は、自分が人を乗せて走るために生まれてきたことを知っているかのようだった。馬が人間に飼われるようになり、数千年もの間に定着した、これもひとつの本能であろうか。

一〇月三〇日早朝——。

二歳馬を千葉県の大東《だいとう》牧場に移すために、馬運車が着いた。九頭積みの馬運車に、若駒が八頭積み込まれる。その中に、ライラックポイントの四番目の仔の姿もあった。

引き綱を引かれた小柄な黒い若駒は、他の馬が不安にあばれる中で、この日も素直に馬運車に乗った。その素直さが、むしろ哀れでもあった。

牝馬はレースが終われば、またいつの日か繁殖牝馬としてこの牧場に帰ってくる。しかし牡馬は特別なことでもない限り、生まれ故郷に戻ることはない。

走り去る馬運車を、四人の男たちは、様々な想いを胸に見送った。

この日、後にライスシャワーと呼ばれる名馬の、生涯で最も平穏な時代が幕を閉じた。

第二章 開花

Legendary horse

Rice Shower story

大東《だいとう》牧場

千葉県市原《いちはら》市にある大東牧場は、ユートピア牧場に付随する若駒のトレーニングのための育成施設である。

広さは約二〇町歩（二〇ヘクタール）。場長の三好順二郎を筆頭に一二名の厩務員《きゅうむいん》、他に数名の作業員を含む総勢約二〇名の大所帯だ。

深い緑に囲まれた牧草地の周囲に、一周一二五〇mのダートコースがある。ユートピア牧場で生まれた二歳馬は、このダートコースで初めて本格的なトレーニングを経験し、美《み》浦《ほ》や栗東《りっとう》のトレーニングセンターへと送り出されていく。

平成二年一〇月三一日の早朝五時、ユートピア牧場から二歳馬八頭を乗せた馬運車がここに到着した。この年ユートピア牧場から送り込まれてきた二歳馬は計二三頭。この日の便の八頭の中に、ライラックポイントの四番目の仔《こ》も含まれていた。

母のライラックポイントもまた、二歳馬当時にはこの大東牧場に入厩していた。現役時代の戦績は三九戦四勝。特に府中《ふちゅう》の一四〇〇mに強く、同条件では二勝を上げている。

だがライラックポイントは、その戦績以上に印象に残る馬だった。牝馬《ひんば》としてはきわめて気が荒い。古い厩務員なら誰《だれ》もが、少なからず手を焼かされたことを覚えていた。

ベテラン厩務員の深谷登が初めて黒い若駒《わかごま》と会ったのは、馬運車が到着した早朝だった。まだ薄暗い中で脚に怪我《けが》がないかを確かめた。しかしライラックポイントの仔としては、それほど強い印象を受けなかった。小柄な、おとなしい馬、といった程度の記憶しか残っていない。むしろ馬格としては後のクリトライやブレイジングレッド、またローズムーンの名で中山《なかやま》大障害に勝つことになる鹿毛《かげ》のほうが目を引いた。

大東牧場では、入厩してから一カ月半くらいまでは人が騎乗してのトレーニングは行なわない。新しい環境に馴《な》らすために、しばらくは放牧を中心に様子を見る。黒い若駒が、次第に深谷の目に留まるようになったのは、その放牧が始まってしばらくたってからのことである。

広大なユートピア牧場と比べると、大東牧場の放牧地はそれほど広くはない。それでも育ち盛りの二歳馬たちは、限られたスペースの中を全力で疾走を繰り返し、柵《さく》の寸前でターンしていく。時には止まりきれずに、柵を跳《と》び越えてしまう馬もいる。

その身のこなしが最も軽やかなのが、黒い若駒であった。小柄であることも、理由のひとつだろう。しかしそれだけでは説明のできない何かを感じさせた。

「あの黒いの、とんでもないバネをしているな」

「その気になれば、柵なんか簡単に跳び越えるんじゃないか」

「障害に出したら、いいとこに行くかもしれない」

いまとなっては笑い話になるようなそんな会話が、厩務員の間で真剣に交わされたこともあった。

年が明けて平成三年一月——。

が開始される。

この年、三歳新馬としてデビューを迎える若駒たちに、いよいよ本格的なトレーニング

小柄だったライラックポイントの四番目の仔も、体重はすでに四四〇kgを超えていた。大東牧場で初めてこの馬の馬銜《はみ》をとったのは、当時まだ一八歳の若手厩務員、平子秀吾であった。

生産牧場で多少の馬銜付けの訓練は受けていても、まだこの時期、ほとんどの馬が人を乗せることを拒絶する。そこで事故を防ぐために、一頭の馬に乗り手と持ち手の二人が付き、まず人を乗せて歩くことを覚え込ませる。

だが黒い若駒だけは、厩務員たちの心配をよそに、まったくあばれる気配を見せなかった。まるで長年に亘《わた》り、人を乗せ続けてきたかのように落ち着きはらっていた。

試しに持ち手が手を離してみた。それでも鞍上《あんじょう》の平子は、まったく不安を感じなかった。奇妙なほどの信頼感があった。馬銜をゆるめると、待っていたかのように黒い若駒は並み足で歩き始める。この時のことを平子は、「雲の上に乗っているような気分だった……」と表現している。

さらに平子は、並み足を続けているうちに、「体が柔らかい馬」であることも感じ取った。これは実に興味深いことだ。ユートピア牧場の厩務員たちは、この黒い若駒を毎日見ていながら、「むしろ体は硬いほうだった」と証言している。

あまりにもバネが強く、鋭い瞬発力をもつために、外見上は体が硬く見える。しかし乗

ってみて初めて、本来の体の柔らかさがわかる。この事実はすなわち、黒い若駒の競走馬としての資質に他ならない。

北海道に比べはるかに温暖な千葉の地で、トレーニングは順調に続いた。数日間の並み足の後、いよいよ一二五〇mのダートコースを使い、跑足《だくあし》と呼ばれる速足の訓練に入る。

さらに三月末の美浦入厩の直前にはキャンター（駆足）で時計がとられ、一ハロン（二〇〇m）一五秒前後の本格的な調教が行なわれる。黒い若駒は、トレーニングの進歩、消化、効率すべての面で、同年代の他馬を常にリードしていた。

一月から三月までのおよそ二カ月間に、平子はこの馬について多くの特徴を見出している。とにかく馬銜受けに余裕のある馬だった。馬銜の限界がどこにあるのか、引いてもなかなか止まらない。

調教の後で時計を見てみると、平子が考えていたよりも常に速いタイムが出ている。他馬が並走すると、その特徴はさらに顕著に現われる。騎手ではなく、馬が自分のペースで走ろうとするのだ。

そのペースに、むしろ騎手である平子のほうが付いていけない。考えてみると、自分の気持ちどおりに走ってくれたことが一度もなかった。

だが、調教を終え馬房に戻ると、黒い若駒はごく普通の、ヤンチャな三歳馬であった。飼い葉をよく食い、時には人を困らせるようないたずらをし、しかれば素直にいうことをきいた。

不思議な馬であった。

ライスシャワー号

早朝五時――。

二二〇〇頭以上もの競走馬が一斉に飼い葉を嚙《か》む音で、美浦の夜が明ける。間もなく南北二カ所の芝、ダート、ウッドチップの調教馬場に、サラブレッドの力強い蹄鉄《ていてつ》の音が響き渡る。

総面積約二万一五一三ヘクタールは東京ドームの約四七倍。全一二三棟の厩舎に馬房数は全二三〇四戸。厩務員を始めとする関係者の居住者約一五〇〇世帯五〇〇〇名。関東のサラブレッドのメッカ茨城県美浦トレーニングセンターは、それ自体が巨大なひとつの町である。

三月二三日、大東牧場で育成と基礎トレーニングを終えた黒い若駒は、この美浦トレーニングセンターに送り込まれた。まず最初に血統証書に記載された特徴により、該当馬であることが確認され、続いて病気や怪我の有無等の検疫が行なわれる。

黒い若駒は、晴れて美浦トレーニングセンターの一員となった。これはすなわち黒い若駒が〝現役の競走馬〟であることを意味し、またサラブレッドのエリートとして認知された証《あか》しである。しかしいくら広大な美浦トレーニングセンターとはいえ、馬房の数には限りがある。もし怪我や、能力の欠如などにより競走馬として使い物にならないと判断されれば、その籍はすみやかに他の馬にとって代わられることになる。

美浦は内厩制のトレーニングセンターである。各調教師がセンター内に馬房を借り受け、厩舎を経営している。黒い若駒は、その中のひとつである「飯塚好次厩舎」に、当初の予定どおり入厩した。

あわただしさの中で、平成三年四月四日、黒い若駒の馬名が正式にＪＲＡ（日本中央競馬会）に登録された。

ライスシャワー号――。

それが黒い若駒の名である。

牡馬の名としては珍しく、力強さよりも美しい響きを感じさせる名であった。ライスシャワーとは、結婚式の折に、教会から出てきた新郎新婦に投げかけられる米粒を意味する言葉である。この小柄な一頭の馬と、これに関《かか》わるすべての者が幸せになるようにとの願いを込めて、オーナーの栗林英雄自身が付けた名であった。

以後は本文でもこのライラックポイントの四番目の仔を、ライスシャワーと呼ぶことにしよう。

ここで一人、ライスシャワーのこの後の生涯に、最も深く関わっていくことになる人物を紹介しておかなければならない。飯塚厩舎の厩務員、川島文夫である。

川島は昭和三〇年三月二〇日生まれ。平成三年当時、すでに一五年もの経験をもつベテランの厩務員であった。

美浦のトレーニングセンターは、馬の入れ替わりが激しい。飯塚厩舎だけでも年間に一五頭前後の三歳馬が入厩し、同じ数の馬が怪我や引退などの理由で退厩していく。川島がライスシャワーの担当になったのも、特に理由があったわけではない。ただそれまで面倒を見ていた馬が出ていき、たまたま手が空《あ》いていたから、にすぎなかった。

「縁だった」と、川島はいう。

最初はライスシャワーを見て誰もが思うように、川島もまた、この小柄な馬がいずれ自分にとって特別な馬になるとは考えてもみなかった。GⅠに勝つような名馬には、自分は一生縁がないものと思っていた。

ライスシャワーは、毎年何頭も自分の前に現われては消えていくごく普通の馬の一頭にすぎなかった。それでも他の馬と公平に、面倒を見ている期間は自分の子供と同じように可愛《かわい》がる。馬が好きでこの道に入った。三度の飯よりも馬が好きな男であった。

だが、入厩して数日もたたないうちに、ライスシャワーは、川島の一五年の厩務員生活の中でも他に例のないほど頭のいい馬であることがわかってきた。ライスシャワーも川島の人柄を察し、すぐに馴れた。

以後四年以上もの年月に亘り、川島は「寝起きをともにする」という表現が大袈裟《おおげさ》ではないほどの密度でライスシャワーと接することになる。川島はライスシャワーを「ライス」と呼んだ。早朝三時半には厩舎に入り、自分の担当の馬を見回る。いつの間にか、意識こそしないものの、ライスシャワーの顔を見ることがひとつの楽しみになっていた。

「ライス、お早よう。だいじょうぶか」

毎朝、まだ誰もいない馬房の中で、川島はライスシャワーにそう声をかける。ライスシャワーもその言葉に答えるように声を出す。

川島の話しかける言葉の意味が、ライスシャワーには理解できるかのようだった。自分から、川島に何かを伝えようとすることもあった。

レースに勝つ馬という意味ではなく、生活をともにする仲間という意味において、ライスシャワーはいつしか川島にとって特別な存在となっていった。

トレーニング

美浦トレーニングセンターの調教馬場は、南北二つの周回コースがある。

北調教馬場はダートが中心で、一三七〇mの内ダートコース。その外の芝障害専用コース。さらに外に一六〇〇mと一八〇〇mの二本のダートコースがある。

メインとなるのは、全五コースを有する南調教馬場である。内回りは一三七〇mのダート。その外に一六〇〇mのウッドチップ。さらに一八〇〇mの芝と二〇〇〇mのダートがある。またこれらの周回コースの他に、坂路部分七〇〇mの美浦トレーニングセンターの名物、ウッドチップの坂路馬場がある（平成五年一〇月完成）。

四月に入って間もなく、ライスシャワーも初めての蹄鉄が打たれ、ダートコースを使った本格的なトレーニングに入った。

ライスシャワーは最初から良い動きを見せていた。しかしユートピア牧場出身の馬だけの大東牧場と異なり、全国から優秀な三歳馬が集まる美浦では、それほど目立つ存在ではなくなっていた。確かに誰が見ても良い馬ではあるが、逆にその程度の馬はどこにでもいる。それが美浦トレーニングセンターの現実である。

飯塚調教師もまた、ライスシャワーを特別視はしていない。そのトレーニングメニューは、ごく普通の三歳馬と同じものだった。その中から篩《ふるい》にかけられ、仕上がりの早い馬は早くデビューし、そうでないものは脱落していく。

ライスシャワーは素直でおとなしく、いつも落ち着いていた。調教は調教助手や若手の騎手が次々と乗り替わって行なわれるが、誰が乗っても扱いやすい馬だった。体も健康で、小柄な割には毎日六升と飼い葉もよく食べていた。能力は別として、少なくとも進歩の早い馬ではあった。

美浦のコースに馴れた五月の中旬頃から少しずつスピードに乗らせることを教え始め、時計がとられるようになる。最初は他の馬と同じように、ハロン一五秒前後。しかしライスシャワーは、この程度の時計はすでに大東牧場でも経験している。一頭で走るよりも、他馬が並走すると速くなる性格は、この美浦でも同じだった。

普段は落ち着いているが、闘争本能の強い性格は、競走馬としては理想的な資質である。調教を重ねていくうちに、飯塚もまた、少しずつライスシャワーに対する期待を大きくしていった。

調教と同時にゲートの訓練も行なわれ、ライスシャワーは六月七日にこの試験を一回でパスしている。長年レース経験を積んでいる馬でも、ゲートに入ることをいやがる場合は多い。しかしライスシャワーは、ここでもいつものように落ち着いていた。まるで自分が何をすべきなのかを、人に教えられるまでもなく理解しているかのようだった。このゲートの試験を終えることにより、ライスシャワーは正式に新馬戦に出走する権利を得たことになる。

その一週間後、ライスシャワーは初の芝コースを体験した。

当時のＪＲＡの重賞レースは、ほとんどが芝コースで行なわれた。芝コースに関する適性の有無は、その馬が中央で一流になれるか否かの絶対条件のひとつでもあった。そしてライスシャワーは、明らかにその適性をもつことを示した。

初日の調教で、ハロン一三秒台を軽く叩き出している。それでもまだ脚色に余裕があった。追えばさらに時計が伸びることは明らかだった。

この季節になると、そろそろ札幌で三歳馬の新馬戦が始まる。美浦からも仕上がりの早い馬が毎週のように札幌に運ばれ、その戦績のニュースが関係者の間に流れた。平成元年にユートピア牧場で生まれた同期生の中では、阿部厩舎に所属するクリトライが七月七日の新馬戦（一〇〇〇ｍ）に出走し、四着と好成績を残した。

ライスシャワーも仕上がりは早く、六月下旬の時点でいつでも新馬戦を戦える状態にあった。しかし七月の初旬に軽い発熱があり、また飯塚調教師の慎重にやりたいという意向もあって、札幌でのデビューは見送られることになった。

新馬戦の初戦に勝てるかどうかで、その馬の後の評価はかなり違ってくる。どうせならベストの状態で出走させ、デビュー戦を飾らせてやりたい。ライスシャワーは、その可能性のある馬だった。

いい素質はもっている。勝てないまでも、そこそこはやれそうな気がした。

飯塚は、八月一〇日の新潟の新馬戦に狙《ねら》いを定めた。もちろん他の厩舎の新馬のローテーションも考慮した上でのレースの選択である。

出走するレースが決まると、調教にも一段と力が入るようになる。八月一日には出走を前提とした初めての本格的な調教が行なわれ、ライスシャワーは一〇〇〇mを六〇秒。八〇〇mを四七秒。六〇〇mを三五・五秒という好タイム（いずれも美浦・芝コース）を叩き出した。さらに八月七日、レース直前の最終追い切りでは、ラスト一ハロン、一一・二秒という時計を馬なりでマークしている。これは四歳馬、古馬と比較しても、けっして見劣りしない時計だった。

仕上がりは万全だった。関係者の誰もが、期待を高めていた。そして何よりも、ライスシャワー自身が、初陣《ういじん》をわかっているかのように気合が乗っていた。

新馬戦

目がいつもと違っていた。

ライスシャワーは、目に特徴のある馬である。闘争心の強い馬でありながら、それが、普段は目に表われることはない。牡馬にありがちな荒々しい鋭さはなく、常に穏やかなやさしい目をしている。だがこの日は、それまで見せたことのない燻《いぶ》るような光が瞳《ひとみ》の中に宿っていた。

気合が乗ってるな……。

川島はパドックの中でライスシャワーを引きながら、そう思った。

八月一〇日、土曜日——。

この日、新潟競馬場には朝から観客が詰めかけていた。その歓声の前で、ライスシャワーは動じることなく、入れ込むでもなく、落ち着いていた。小柄ではあるが、気の小さな馬ではない。そして確実に、気合を内に秘めている。

騎手がその背に乗っても、ライスシャワーの落ち着きに変化はなかった。

鞍上は水野貴広。水野は当時一九歳。飯塚厩舎に所属する若手騎手である、ライスシャワーとはすでに調教で何回かコンビを組んでいる。体の柔らかい、扱いやすい馬という印象をもっていた。

新潟第三レース、サラ系三歳新馬戦混合、芝一〇〇〇m。出走は牝馬一頭を含み、全一〇頭。ライスシャワーは七枠八番で出走する。

新馬戦では、すべての馬がまったくといっていいほどデータをもっていない。ファンの投票は、血統、仕上がり具合、調教タイムなど、わずかな情報を頼りに行なわれる。

この日一番人気は滋賀の栗東トレーニングセンターの坂路で五〇〇m三三・七秒という好時計を出したダイイチリユモン。ライスシャワーは名種牡馬リアルシャダイの産駒であるという血統と、芝の重馬場《おもばば》で一ハロン一一・二秒という調教タイムが買われ、二番人気にまで推されていた。

不安材料があるとすれば、新馬戦ならではの一〇〇〇mという短い距離である。ライスシャワーはその馬格、体型、血統すべての面から、二〇〇〇m以上に強い長距離型ではないかといわれていた。しかし将来一流となるような馬ならたとえ距離が合わなくとも、この程度のメンバーの新馬戦は勝ち上がらなくてはならない。新馬戦は、あらゆる競走馬が一度は通る道なのだ。

新馬戦に出走する頭数を、このレースの例にならって平均一〇頭と仮定してみよう。その中で新馬勝ち（初戦勝ち上り）できる馬は単純計算で一〇分の一ということになる。サラブレッドとして生まれ、中央の競走馬として登録されたエリート三歳馬の、初めての関門である。

本馬場入場の後、返し馬。ライスシャワーは調教と同じように軽やかな動きをしていた。歓声が上がっても、それほど入れ込んだ様子はない。

各馬がゲートの後方に集まり、ファンファーレが鳴る。ライスシャワーにとっても、その他の出走馬にとっても、すべてが初めての経験である。

一頭ずつ、ゲートに導かれていく。試験には合格していても、素直に入ろうとしない馬もいる。そのような馬は騎手が尾を摑《つか》んで引き、係員が後方から押し込むようにしてゲートに入れる。

ライスシャワーの順番は最後だった。レースに馴れた古馬のように、人の手をわずらわせることはなかった。

ゲートが開いた。

ライスシャワーは好スタートを切り、先頭に立った。新馬とは思えないほどの絶妙のタイミングだった。

これにゼッケン五番のアイネストキオが並びかける。さらに外から本命九番のダイイチリユモン、一〇番のアイネスブレーブが先頭争いに加わり、これが鼻に立った。ライスシャワーは、その位置を三番手にまで落とした。

一〇〇〇mという短距離戦では、駆け引きなどの小細工はほとんど通用しない。力の差が歴然としている場合は別として、前半で先頭集団に残った数頭で勝負が決定する。それだけに序盤の先行争いは熾烈《しれつ》なものとなる。ライスシャワーの前半三番手は、まずまずの好位置といえた。しかも後方の四番手との距離が少しずつ開いていった。

四コーナーのカーブに差しかかって、残り約四〇〇m――。

ライスシャワーが持ち前の闘争心を発揮し、先頭に立つ意志を見せた。大外からかぶせるように、二番手のダイイチリユモン、先頭のアイネスブレーブに襲いかかる。

コーナーの出口で、三頭が横一線に並んだ。

ここで水野騎手のムチが入る。一発。間をおいて、もう一発。さらに間をおいて、続けて三発。最内《さいうち》のアイネスブレーブの脚が衰えを見せ始め、先頭争いは完全にライスシャワーとダイイチリユモンの二頭に絞られた。

もうムチはいらなかった。ライスシャワーには自分のなすべき〝仕事〟がわかっていた。自分が先頭に立つ。

自分が勝つ。

ダイイチリユモンの騎手、増沢が、必死にムチを入れる。無駄だった。ライスシャワーの勝利への本能が、わずかにそれを上回った。

先頭に立った。

少しずつ、差が開いていく。

二番手のダイイチリユモンは、もう先頭へ競りかける気力を失っていた。首を前に突き出すような独特なフォームで、ライスシャワーは勝利のゴールを駆け抜けた。

タイムは五八・六秒――。

三歳新馬としては、その素質を予感させる、まずまずの好時計であった。

初めての敗北

「競い合って強い馬でした」

新馬戦の後、水野騎手はインタビューでそう語っている。

調教中から、闘争心の強い馬であることはわかっていた。しかし元来サラブレッドの大半は、その闘争心をもって生まれている。調教でその片鱗《へんりん》を見せても、レースでは出し切れない馬はいくらでもいる。実際の闘争心、競り勝つ能力は、レースに使ってみるまではわからない。

ライスシャワーと二着ダイイチリユモンとの差は、わずかにクビ差であった。だが、最後の直線で二頭が並んだ末の、競り勝ってのクビ差である。この差は、実際の距離や時計、能力の差以上に大きな意味をもっている。

それは闘争本能の差であり、精神力の差であり、勝者と敗者の差である。競走馬としての、一流と二流との格差でもある。

同じ能力の馬を同条件で走らせても、二頭が同時にゴールに入る可能性はゼロに近い。僅差《きんさ》ではあっても、勝つのは必ず競り合って強い馬、つまり闘争本能の勝った馬である。レースは単にタイムを争うものではない。勝つか負けるかを競うことに意義がある。

昔、シンザンという名馬がいた。一九六〇年代に活躍した日本初の五冠馬である。生涯戦績は一九戦一五勝、二着四回。連対を一度も外したことがなかった。

これほどの強さを誇ったシンザンが、面白いことに、二着以下を大差で破った記録がほとんど残っていない。一五勝のうち大半を、ハナ差、クビ差、もしくは一、二馬身差などの僅差で勝っているのだ。

だが、シンザンと他馬の実力の差は、レースの差以上に歴然としていた。シンザンは、速い馬である以前に、強い馬であった。

速い、ということは、競走馬にとってそれほど絶対的な意味はもたない。単なる必要条件にすぎない。レースに勝つのは、常に〝強い馬〟なのだ。

新馬戦の勝ち方は、ライスシャワーが強い馬であることを明確に物語っていた。それ以外にも多くの収穫があった。スタートのタイミングがうまいこと。けっして掛かる（入れ込みすぎて前に出すぎること）ことなく落ち着いて走れること。ペースを自分で配分する勘をもっていること。

これらの能力は調教によって後天的に身に付くものではない。すべてはもって生まれた天性の才能である。

ユートピア牧場の久保場長以下四名の厩務員がライスシャワーの初勝利を知ったのは、当日の午後になってからだった。新馬戦は、テレビで放映されない。大東牧場からの電話によって、結果を知った。

ライスシャワーが勝った。直線で競い合っての、見事な勝ち方だった。そう聞いても、久保は一瞬ピンとこなかった。

ライスシャワーという名と、放牧地を駆け回っていた黒い仔馬とを結び付けるのに、しばらくの間があった。久保の頭の中では、ライスシャワーはまだ「ライラックポイントの四番目の仔」にすぎなかった。

あのヤンチャ小僧も、そこそこはやれそうだな……。

その二週間前、七月二八日の新馬戦で、クリトライが二戦目にして初勝利を上げていた。楽しみな一年になりそうな予感があった。

新馬勝ちをするということは、その後の競走馬の運命を確かに大きく左右する。しかしライスシャワーの評価が、それによって一変するというわけではなかった。飯塚調教師の判断は、この時点ではまだ、将来が楽しみな馬の中の一頭にすぎなかった。

もし飯塚が胸の内にライスシャワーのＧⅠへの可能性を描いていれば、デビュー前からそれなりの手を打っていただろう。例えばそれは、騎手の起用にも表われてくる。馬にとって、毎回騎手が乗り替わることはあまりいいことではない。クラッシックなどのＧⅠを目標にする素質馬は、新馬戦から将来を見越し、ＧⅠクラスの騎手が起用されるのが通例である。しかし飯塚にとってデビュー前のライスシャワーは、まだ一流の騎手を使うほどの馬ではなかった。

だが、新馬戦をあっさり勝ったことで、ライスシャワーに対する飯塚の期待は多少なりとも高まっていた。

九月一日、日曜日――。

この日、メインレースの第一一レースに新潟三歳ステークス（ＧⅢ・三歳オープン）が行なわれた。ライスシャワーはこれに一枠一番で出走。飯塚は明らかにこのレースを勝ちにいく姿勢を見せ、騎手にベテランの菅原泰夫を起用した。また八枠八番には、同郷のクリトライの名があった。

このクラスに出走する三歳馬は、新馬戦とはレベルが違う。新馬勝ちをしているか、それに準じた実績をもつ馬ばかりである。少なくとも未勝利の馬に出走の権利はない。

この日は全一四頭。すべてが一〇分の一の関門を突破した強者ばかりである。距離も一二〇〇mに伸びている。

一二〇〇mの新馬戦に好時計で勝っている三枠四番のヤマニンミラクルらとともに、ライスシャワーはこの日も本命の一角に名を連ねていた。しかし新馬戦の頃《ころ》と比べると、本調子とはいえなかった。

初戦の疲れを考慮して、その後の調教でいくらか楽をしていたこともあった。また騎手が相性のいい水野から菅原に乗り替わったことも、精神的な部分で何らかの影響があったのかもしれない。ライスシャワーはスタートに失敗し、序盤から後方の馬群に包み囲まれ、まったく折り合いを欠いたままレースは終わった。

結果は一一着。勝ったのはやはり本命の一角、五枠八番のユートジェーンだった。逆に鞍上に田中勝春をむかえたクリトライは、後半鋭い末脚を見せて三着と好走していた。

このライスシャワーの凡走も、関係者にとっては新しい発見であった。

闘争心は、いわばメンタルな部分である。それをうまく引き出すには、肉体的な能力以上に細かなコンディション作りが必要になる。勝てる可能性があるからこそ、闘争心に火が付く。逆に折り合いを欠き、その可能性に見離されれば、闘争心は眠ったままレースは終わってしまう。

レースは勝つか負けるかだ。一着になれなければ二着も最下位も大差ないではないか。頭のいい馬だけに、ライスシャワーにはそのようなところがあった。

一見、穏やかな落ち着いた馬である。だが、ライスシャワーは、見た目よりもはるかにデリケートな馬なのかもしれなかった。

特別な馬

舞台は新潟から中山へと移った。

秋の競馬シーズンの本格的な開幕である。ある意味で夏のローカルは、秋の大レースを前提とした、各馬の調整期間ともいうことができる。

飯塚調教師がライスシャワーの三戦目に選んだのは、九月二一日の第九レース、芙蓉《ふよう》ステークス（一六〇〇m・サラ三歳・㊗・オープン・別定）だった。

このレースを選んだのには理由があった。前回のレースでは、一四頭という多頭数であった上に一枠一番という不利も加わり、内でもまれて能力を出し切れなかった。ライスシャワーは、もまれ弱い性格をしているのかもしれない。

そこで、あまりメンバーの集まらない少頭数のレースにもう一度出して、様子を見てみたかった。できればそこで、勝ちぐせをつけておきたい。

その思惑どおり、当日の芙蓉ステークスの出走は全八頭。メンバーを見ても、これまでに四戦してやっと未勝利戦に勝った六枠のアララットサン以外、これといった顔触れは揃《そろ》っていなかった。しかもライスシャワーは前日の枠順を決めるくじで、大外の八枠八番を引き当てていた。

この週、ライスシャワーは追い切りなどの調教も順調にこなし、過去二戦を四四六kgで戦った体重も二kg絞り込んでいた。仕上がりは悪くない。騎手も新馬戦を勝った時の、相性のいい水野を起用した。勝つための条件は整っていた。

レースの出走が決まると、競走馬はトレーニングセンターから馬運車によって競馬場へと運ばれる。ライスシャワーは予定どおり、当日の早朝に中山に入った。この頃になると、追い切りを終えて馬運車で運ばれることにより、ライスシャワーはレースが近いことをわかっているようだった。

その分、気合が乗るのも早くなる。当日は珍しく入れ込むような様子を見せ、ゲートに入るのも手こずらせた。

スタート直後、先手を取ったのは一枠のジンデンクイーン。二番手は三枠のサンクティティ。ライスシャワーも好スタートを切ったが、初の一六〇〇mということもあり、水野は中段以下につけて様子をうかがう。

前日からの雨が残り、当日の中山の芝は重馬場であった。だがユートピア牧場の〝タンボのような放牧地〟で育ったライスシャワーはこれをまったく苦にしない。坦々としたペースの中で、外から少しずつ順位を取り戻し、残り八〇〇mの時点で三番手の好位置に付けた。

最終コーナーを回ったところで、ライスシャワーは先頭に立った。ジンデンクイーンとの差が、見る間に開いていく。そこに大外から、アラットサンが続いた。直線は二頭の叩《たた》き合いになった。しかしライスシャワーは、これをアタマ差でかわし、二勝目を上げた。新馬戦と同様に、競い合って強い勝ち方だった。

デビュー以来三戦二勝。まだ競走馬として完成されていない三歳馬にとって、これはとてつもない数字である。

新馬勝ちができる馬を一〇分の一とするならば、その選ばれた馬同士の中で二勝目を上げることはさらに難しい。新馬戦に負け、その後に続く未勝利戦にも勝てず、結局一勝もできないまま、三歳、四歳で引退していく馬はいくらでもいる。

そのような〝勝てなかった馬〟の末路は悲惨だ。良血統の牝馬ならば繁殖の道も残されているが、牡馬はそうはいかない。

白に近い芦毛ならば、運よく乗馬用として引きとられることもある。だがその需要は少ない。種牡馬となれる可能性も、ほとんど皆無である。残された道は、廃馬、だ……。

ライスシャワーの二勝目を最も喜んだのは、厩務員の川島であったかもしれない。何頭もの競走馬を担当する厩務員にとっても、三戦で二勝するような馬とめぐり合えるチャンスは稀である。

特に川島は、担当する馬を自分の子供以上に可愛がる。その馬を勝てないがために失うことほどつらいことはない。二勝目を上げてくれたことで、ライスを失わないですむと思うと、喜び以前に安堵《あんど》を覚えた。今やライスシャワーは、川島にとって単に頭のいい可愛い馬ではなく、競走馬としても特別な存在となった。

その思いは、調教師の飯塚にとっても同じだった。

飯塚は、サラブレッドに関する限り、血統を重視する哲学をもっている。ユートピア牧場時代の黒い仔馬に注目した理由も、元はリアルシャダイの仔という良血統にあったことを否定できない。

そしてデビュー前から、体は貧弱だが、確かにいいセンスをしていることは見抜いているつもりだった。しかしまさか新馬勝ちし、これほどあっさりと二勝目を上げる馬だとは思ってもみなかった。

飯塚は調教師として、常に三〇頭近い競走馬をその管轄下に置いている。基本的には、すべての馬に公平な思い入れをもたなければならない。しかし最近は、ふとした瞬間に、ライスシャワーについて考えることが多くなってきた。

あの馬は、何か特別なものをもっている。できるなら、それを見極めてみたい……。

それはまだ、ＧＩに勝つといった具体的なものではなく、漠然としたイメージにすぎなかったのだが。

ライスシャワーは、その能力で、自分に関わるすべての人の心を動かし始めていた。

的場均との出会い

中山の芙蓉ステークスに勝った後に、ライスシャワーの脚に故障が発覚した。診断は右前脚管骨骨折、全治三カ月。幸い競走馬生命に関わるほどの大きな骨折ではなかったが、完治するまではレースに使うことはもちろん、調教も行なえなくなった。通常故障した競走馬は、調教が可能になるまでは育成牧場に送られる。しかしライスシャワーは症状も軽く、厩舎に馬房の余裕もあったために、美浦のトレーニングセンター内で治療、静養することになった。もちろんセンター内には、獣医や病院など、最先端の治療施設が完備されている。

だが、馬が故障を起こして一番たいへんなのは、やはり厩舎の担当厩務員である。川島は毎日ライスシャワーの湿布を換え、飼い葉もカルシウム分の多いものを与えた。朝は早くなり、夜は遅くなる。日中に気にかかることがあると、夜も眠れなくなる。どうしても心配になり、夜中に寝床を脱け出して様子を見に行ったことも何度もあった。

相手が生き物であるだけに、厩務員という仕事は苦労がたえない。一年三六五日、本当の意味での休みはない。自分の時間、などということを考えていては、この仕事は勤まらない。

すべては馬のための時間である。馬と過ごす時間が、すなわち自分の生活である。その甲斐《かい》もあって、ライスシャワーの経過は良好だった。飼い葉の食いも落ちなかった。

むしろ太りすぎることのほうが心配だった。

年が明け、春になれば、いよいよ四歳馬のクラッシックのシーズンを迎える。ライスシャワーは血統登録の折に、クラッシック出走の登録もすませている。しかも三歳時には三戦二勝。これだけの賞金獲得額があれば、ダービー出走も夢ではない。湿布が取れるのを待って、ライスシャワーは一二月の中旬には早くも調教を開始した。

小さな故障ではあったが、一方でこの骨折は関係者の間に様々な波紋を投げかけることになった。速い馬は、脚が弱い。たいして使い込んでいるわけでもないのに故障を起こしたライスシャワーは、その脚にサラブレッドならではの宿命を背負っていることを証明したことになる。

その慌ただしさの中で、ライスシャワーの将来の騎手選びも同時に進められた。

ダービーに出走する可能性がある以上、それなりの実力のある騎手を選び、四歳の緒戦から馴らしておかなければならない。その騎手の実力と相性によって、馬の成績は大きく左右されることになる。三歳戦を戦い終えてから主戦騎手を決めるのは、むしろ遅すぎるくらいであった。

この時期、中央で活躍するほとんどの人気騎手は、翌年のクラッシックを主戦騎手として戦う馬を決めてしまっている。そんな中で白羽の矢を立てられたのが、勝負強さでは定評のある的場均（美浦・フリー）であった。

昭和三二年三月二五日生まれの的場は、平成三年当時三四歳。騎手としては最も脂の乗り切った年齢だった。飯塚厩舎とはかねてから親交が深く、その所属馬には何頭も騎乗している。クラッシックを中心とするＧＩの出走経験も豊富にもち、平成元年にはドクタースパートで皐月賞《さつき》に勝っている。

最初は飯塚調教師から、楽しみな馬がいるから見てみないか、程度の誘いがあった。ライスシャワーに関しては、その名と新馬勝ちを含め三歳時に二勝しているといったくらいの知識しかもっていなかった。だが、的場は、中山開催中のある日のこと、ライスシャワーを見るために飯塚厩舎に立ち寄った。その日ライスシャワーは骨折していたために、馬房の中にいた。

的場はプロ意識の強い騎手である。レースの主役はあくまで馬であり、騎手の役目はその能力を一〇〇％引き出し、勝つことだと考えている。昭和五〇年の三月に騎手免許を取得して以来一六年、たずさわった馬はこの時点でのべ八千頭以上にもなる。馬を見る目にはそれなりの自信もあった。

しかしその的場の目にライスシャワーは、それほど〝すごい馬〟とは映らなかった。ましてや自分の騎手人生にとって、特別な馬になるとは思えなかった。

的場がライスシャワーの背に乗るのは、さらにその半年後の平成四年四月中旬、皐月賞前の調教でのことになる。その時の印象を的場は、後に次のように語っている。

「おとなしくて乗りやすい馬だった。しかし体が細くて、特に良くも悪くもないという印象だった。その時にライスの才能を見抜けなかったことを、今もプロとしてはずかしいと思うことがある……」

百戦錬磨の的場騎手であってさえ、ライスシャワーはそのような馬だった。それはすなわちライスシャワーの強さの秘密が、肉体的なものではなく、精神的な部分にあることを示している。どんな名騎手であったとしても、その馬の背にまたがっただけで精神的な部分まで見抜くことはできない。

この時点では的場は、平成四年度のクラッシック戦線をライスシャワーで戦うことを、まだ自分の胸の内で決めかねていた。

力の壁

六カ月余の休養の後、ライスシャワーは平成四年三月二九日、中山競馬場の本馬場に戻ってきた。

その緒戦は皐月賞のトライアルレースともなるフジテレビ賞・スプリングステークス（GⅡ・一八〇〇m・サラ四歳オープン）だった。このレースに三着までに入賞すれば、皐月賞への優先出走権を獲得することができる。

このクラスのレースになると、さすがにそれなりのメンバーが出走してくる。三歳馬当時の、新馬戦を勝ち上がったくらいの馬とはまた一段格が違う。

一例をあげてみても、この年最強の四歳馬といわれたミホノブルボン（小島貞）。後に無敵のスプリンターとして一世を風靡《ふうび》することになるサクラバクシンオー（小島太）。ノーザンテースト産駒として注目を集めるマチカネタンホイザ（岡部）、ニシノスキー産駒のマイネルコート（関口）、カミノエルフ（横山典）、マーメイドタバン（大塚）など、どこを見回しても錚々《そうそう》たるメンバーが顔を揃えていた。

その中で一番人気に推されたのは、最高の仕上がりと評されたノーザンコンダクト（武豊）だった。二番人気はミホノブルボン。ライスシャワーは故障上がりということもあり、出走全一四頭中一二番人気と、専門紙の予想とともにまったく注目されていない。鞍上は的場ではなく、ベテランの柴田政人が騎乗していた。

レースはスタート直後からミホノブルボンが鼻を切り、いつものように自分のペースに持ち込んだ。二番手はサクラバクシンオー。ライスシャワーは名手柴田の好騎乗により、前半から四、五番手の好位置につけていた。

最終コーナーを回り、地力に勝るミホノブルボンは他馬との差をさらに開いていく。結果は二着以下に馬なりで七馬身差以上の圧勝。二着はマーメイドタバン。三着は伏兵ダッシュフドー。ライスシャワーは好位から抜け出し鋭い末脚を見せたものの、四着に残るのがせいいっぱいだった。

この結果は、専門家の間でもふたとおりの評価に分かれた。ひとつは故障上がりでありながら、よくあのメンバーで四着に残ったという好評価。もう一方は、しょせんその程度の馬でしかない、という冷やかな評価である。

確かに脚部に不安を残すライスシャワーは、レース前の調教でも一杯まで追うことはできなかった。体重もベストの頃より六kg増えて、当日は四五〇kgと仕上がりも万全とはいえなかった。小柄な馬でありながら、初の五六kgという斤量（それまでは芙蓉ステークスの五三kgが最高）が負担となったことも考えられた。

それでもそうした小さな不利を克服し、好勝負を演じてこその一流馬である。

まして今回は、内でもまれて大敗した二戦目の時のように明らかな不利があったわけではない。二着以下はともかくとして、勝ったミホノブルボンとの力の差は、誰の目にも歴然としていた。

四月一九日、第五二回皐月賞（GⅠ・二〇〇〇m・四歳オープン）――。

ライスシャワー初のGⅠへの挑戦である。だが周囲の評価はあいかわらず低く、一七頭中一一番人気であった。

一番人気はスプリングステークスを圧勝したミホノブルボン。柴田政人は、報知杯・弥生賞を勝って二番人気となったアサカリジェントに騎乗していた。名手柴田の評価もまた、ライスシャワーよりもアサカリジェントのほうが上であったことになる。

この日ライスシャワーには、以後長年に亘り名コンビを組むことになる盟友、的場均が初騎乗することになった。

的場が初めてライスシャワーに乗ったのは、前述したように皐月賞の四日前、水曜の追い切りである。その日は馬場が悪かったために、無理はしていない。だが、この皐月賞に賭けていた飯塚調教師は、四月の春闘の合間をぬっての厳しい調教でかなりライスシャワーの馬体を絞り込んでいた。皐月賞当日の体重は四三八kg。スプリングステークスの時よりも、一二kgも減っていた。

レースはやはりミホノブルボンが先行し、そのまま他馬を寄せつけずに逃げ切った。ライスシャワーは終始中段に付けていたが、そこから抜け出すことができなかった。

結果は八着。的場とコンビを組んだ初陣は、完敗に終わった。せめてもの救いは、レース前の評価よりも着順のほうが上だったことだけである。

続く五月一〇日、東京府中のNHK杯（GⅡ・二〇〇〇m・四歳オープン）にも、ライスシャワーは的場とコンビを組んで出走した。

このレースにはミホノブルボンは出ていない。だが勝ったのは、皐月賞で二着に入った実力馬、ナリタタイセイだった。二着はマチカネタンホイザ。ライスシャワーは、またしても一六頭中九番人気の八着に終わった。

やはりその程度の馬なのか。メンバーが弱ければ勝てる。しかし強い馬が揃うと、それなりの結果しか残せない。大きなレースに出走するだけの実力はもっているが、何かひとつが足りないために勝てない馬、一流になり切れない馬はいくらでもいる。

ライスシャワーには、何が足りないのだろうか。

馬格か。体力か。それとも闘争本能か……。

いや、違う。もっと単純なものだ。飯塚調教師にも的場にも、その足りないものが薄々わかり始めていた。

今までのレースでライスシャワーに足りなかったものは、ただ単に〝距離〟ではなかったのか——。

だとしたら、これから面白いことになる。ライスシャワーは賞金獲得額によって、ダービーへの出走がほぼ決まっていた。

ダービーの距離は二四〇〇m。皐月賞やNHK杯よりも、四〇〇m長くなる。この二八ロンの差は、大きい。

NHK杯の後でも、的場の手の中にはライスシャワーの感触が残っていた。それは八着に敗れた悪い感触ではない。むしろ未知の可能性を示す、力強い手応えだった。

思い切って行けばどうにかなるかもしれない……。

的場は頭の中で、ダービーの乗り方の策を練り始めていた。

ダービー

北海道ユートピア牧場の厩務員たちは、朝からそわそわと落ち着きがなかった。

午後の仕事を一度三時前に切り上げ、山を降りて牧場事務所に向かった。居間ではすでに久保が、家族とともにテレビの前にかじりついていた。

平成四年五月三一日——。

間もなく第五九回日本ダービー（GⅠ・二四〇〇m・四歳オープン）が始まる。画面には厩務員に引かれてパドックを歩く馬たちの姿が映し出されていた。

ライスシャワー……そしてブレイジンググレッド……。

この両馬の名をアナウンサーが告げると、同時に男たちも力のこもった声を出した。

毎年ＪＲＡに血統登録されるサラブレッドの仔馬は一万頭以上。その中で新馬戦から勝ち上がり、ダービーに出走する馬はこの年わずかに一八頭。それが年に二十数頭しか生産しないユートピア牧場から、今年は二頭も出走しているのである。

「ライラックポイントの仔、また細くなったな。マイナス四kgだってよ」

「それよりクリレッドの仔がいいぞ。あいつはこれから伸びる。いい馬になるよ」

ユートピア牧場の仔馬たちは、どちらもまったくといっていいほどの無印だった。しかもこの年は、ミホノブルボンというここまで全勝で登りつめてきた怪物がいた。まさか自分たちの牧場の二頭が勝つことはないだろう。しかし、入着くらいまでならありえないことではない。

北海道に住む彼らは、自分たちの手で取り上げた仔馬の晴れ姿を現地で見ることはない。テレビの小さな画面を食い入るように見つめながら、拳《こぶし》を握り、声を嗄《か》らして声援を送る。

その彼らが期待していたのは、ライスシャワーではなく、むしろ五戦二勝、青葉賞に四着と好走したブレイジンググレッドの方だった。

その頃、飯塚調教師は、パドックの片隅からライスシャワーの姿を見守っていた。悪くない仕上がりだ。馬体はさらに四kg絞り、四三〇kgにまで落としている。

だが他の大型馬と比べると、どうしても見劣りすることは否定できない。ベストはつくしたつもりだった。それでもせいぜい五着までに来てくれればいいところだろう。飯塚の望みは、常に控え目だった。

川島厩務員は、いつものようにパドックでライスシャワーを引いていた。自分が、自分の馬とともにダービーのパドックを歩いているという事実が、信じられなかった。ライスシャワーは落ち着いていた。地に足が着いていないのは、むしろ川島のほうであった。

勝ち負けはどうでもいい。とにかく最後まで、一生に一度のダービーを無事に走り切ってほしい。それが川島の、唯一の望みだった。

間もなく騎手の的場がライスシャワーの背に乗った。

的場にとっても、ダービーは特別なレースである。出走する一八人の中に選ばれることは、すなわち一流の騎手としての証しであり、一種のステータスでもある。この日本最高峰のレースに勝つことは、もちろんプロの騎手としてこの上ない栄誉だが、それ以前に出走すること自体に大きな意義がある。

的場はまだ一度もダービーに勝ったことはない。今回もおそらく勝てないだろう。しかしその可能性はけっしてゼロではない。

この日、ライスシャワーの人気は全一八頭中一六番。だが的場のライスシャワーに対する評価は、それほど低いものではなかった。この馬は、もっと上位を狙える可能性をもっている。それを自分が引き出してやる……。

少なくとも周囲の評価どおりには終わらない。ミホノブルボンに、ひとあわ吹かしてやろうじゃないか。的場にはプロとしての意地があった。

最後の一頭、八枠一八番のスタントマンがゲートに入った。

大歓声の中で、一瞬周囲の音が遮断されたような錯覚があった。馬の息吹《いぶき》と心臓音だけが、耳の中にこもる。

ゲートの開く乾いた音が響いた。瞬間、頭の中が真白になる。

タイミングが合った。インから二枠四番、大塚の騎乗するマーメイドタバンが飛び出していく。それを外から、七枠一五番のミホノブルボンが強引に抜き去った。

ライスシャワーは七枠一三番。的場は鼻に立とうとするミホノブルボンをマークするように、ライスシャワーをその後方に付けた。

一八頭の馬群が折り重なるように、第一コーナーになだれ込む。

先頭はミホノブルボン。ライスシャワーは、マーメイドタバン、ホクセツギンガと並び二番手集団の好位置につけた。

やった。計算どおりの展開に持ち込めた。あとはこのままミホノブルボンを追走し、後半に勝負を懸《か》ける。ライスシャワーの脚でどこまでくらいつけるかが鍵《かぎ》になる。

だが、ミホノブルボンはその豪脚にものをいわせて快走する。抜けるものなら抜いてみろといわんばかりの気迫が、その後ろ姿に満ちあふれていた。

三馬身……四馬身……少しずつその差が開いていく。後方からはウィッシュドリーム、ナリタタイセイが迫ってくる。

一〇〇〇ｍの通過タイムは六一・二秒。完全にミホノブルボンのペースだ。

ところが第四コーナーの手前あたりから、ミホノブルボンの手応えが急に怪しくなってきた。

この日の馬場は、早朝までの雨で稍重《ややおも》となっていた。ところどころにゆるい箇所があった。騎手の小島貞博は、それを気にしているらしい。

逆にライスシャワーの手応えはまだ十分に残っていた。馬場の悪さにもまったく影響されていない。いつの間にかライスシャワーは二番手集団を抜け出し、ミホノブルボンのすぐ背後にまで迫っていた。

「まさか、勝てるのか……」

的場の背に、総毛立つような感触が走った。

第四コーナーを抜け、直線に入った。

的場はミホノブルボンしか見ていなかった。ライスシャワーの闘争心もまた、最強の一頭に注がれていた。

各馬一斉にムチが入る。ライスシャワーはインから競りかけるマーメイドタバンをかわし、広い府中の直線にミホノブルボンを追った。その背に、手が届く……。

だが、ミホノブルボンはやはり強かった。

一度鈍ったかのように見えた手応《てごた》えは、まだ十分にその余力を残していた。逆にライスシャワーの脚は、限界に達しようとしていた。

だめだ。届かない。完全に、負けだ……。

そのライスシャワーに、田原成貴騎乗のマヤノペトリュースが競りかけてくる。並ばれた。そして、かわされた。

三番手。さらに後方から、他の馬の気配が迫ってくる。

ここまでやったんだ。四着はカンベンしてくれ……。

ダービーで四着になった馬は、出世しないというジンクスがある。

一度、二度、的場はムチを入れた。

その時、何かがかわった。競い合って強い馬、ライスシャワーの最後の闘争心に火が付いた。手応えが、戻ってきた。

一度かわされたマヤノペトリュースを、ライスシャワーは差し返した。鼻差、その前に出た。

気が付くと的場は、ライスシャワーの細い背の上で、ダービーのゴールを二着で駆け抜けていた。

「まさか……」

飯塚は自分の目が信じられなかった。馬の力からして、入着があればいいと思っていた。

勝てるとは思っていなかった。それを、ミホノブルボンに敗れたとはいえ、二着になろうとは……。

ライスシャワーは、飯塚が考えていた以上にすごい馬だった。

川島はスタンドの片隅でレースを見ていた。

勝ったのはやはり、ミホノブルボンだった。だが、二着でゴールしたのは、確かに自分の馬、ライスシャワーだった。拳を握り、叫び出したいような気分だった。


ユートピア牧場では、男たちが叫んでいた。

手を握り合い、肩を叩き合い、言葉にならなかった。やったのは、ブレイジングレッドではなく、ライラックポイントの黒い仔馬だった。

ダービーの二着。それは他のレースの二着とは重さが違う。その事実は同年代に日本で生まれたサラブレッドの中で、「二番目に強い馬」という意味をもつ。

ライスシャワーは、誰もが認める一流馬となった。

第三章 栄光

休息

初夏は牧場の緑が最も美しい季節だ。

放牧地に放たれた馬たちは、汗ばむような強い日差しをその背に受けながら、まだ柔らかい牧草をのんびりと食《は》み続ける。

馬は飼い葉よりも、生きた青草が好きだ。栄養価が高く、味も良いらしい。それだけに、あまり与えすぎると太らせてしまうことになる。だから現役の競走馬には、あまり食べさせるわけにはいかない。

深谷登は仕事の合間をみては、常にライスシャワーに気を配っていた。ダービーを終えてしばらくした六月一〇日から、ライスシャワーは一年三カ月ぶりに大東《だいとう》牧場に戻ってきていた。目的は休養と笹針《ささばり》である。

笹針とは、その名のとおり馬の脚部に針を刺して血を抜く昔ながらの荒療治である。レースに使い込まれた馬は、酷使された脚に悪い血が溜《た》まっている。それを一度外に出してしまい、リフレッシュさせる。

笹針が本当に効《き》くのかどうかは深谷にもわからない。しかしこれをやらないと疲れが取れるのが遅く、脚に故障を起こしやすくなる。一度骨折を経験しているライスシャワーには、どうしても必要な治療だった。

神経の集中する脚に針を刺し、大量に血が流れ出る笹針は、馬にとってもつらい治療である。どの馬もこれをいやがり、あばれることも少なくない。しかしライスシャワーはその痛みによく耐えた。まるで笹針が、自分の体にとって良いことであるのを理解しているかのようだった。

久しぶりに見るライスシャワーは、以前とは違う馬のように見えた。

体重は三歳の頃《ころ》とほとんど変わっていないはずなのに、馬格がひと回り大きくなったように感じさせる。胸、腰に厚い筋肉が付き、格段に馬体のバランスが良くなっていた。

なにしろダービーに二着に入るような馬である。連日のようにファンやマスコミが、ライスシャワーを目当てに大東牧場に訪れる。活気のある反面、気を使わないわけにはいかなかった。

そのライスシャワーの様子が、最近どうもおかしいことに深谷は気が付いていた。仕事の手を休めて放牧地のライスシャワーに目をやると、なぜかいつも落ち着きがない。一頭だけが放たれている柵《さく》の中で、行ったりきたりを繰り返している。

どうやら隣りの囲いの他の馬を気にしているらしい。仲間が近くにいることがうれしいようだ。その馬群の中には、若い牝馬《ひんば》の姿もあった。

なるほどな。あいつ、いっちょまえに恋をしてるのか。

考えてみればライスシャワーももう四歳馬である。人間でいえば、一七、八の思春期といったところだ。恋のひとつくらいをしてもおかしくない年頃だ。

サラブレッドの牡馬《ぼば》は、よほどの名馬でなければ種牡馬にはなれない。ほとんどの牡馬が子孫を残すことなくこの世を去っていく。ダービーで二着になったくらいの馬だ。これからも活躍してくれるだろう。

それに血統だって、リアルシャダイの仔《こ》だ。ノーザンダンサーの血も入っている。どこから見たって、一流馬だ。将来、種牡馬になれる可能性は十分にある。

他の厩務員《きゅうむいん》たちも、ライスシャワーの若駒《わかごま》らしい異変に気が付いたようだった。

おい、ライス。お前は若いし、かっこいいし、頭もいい。それに有名だ。もし人間の男だったら、女の子にもてるんだろうなあ。あせることはないさ。きっとそのうち、望みがかなう時がくる。

今は頑張れ。もっと勝て。それがライス、お前が幸せになるための唯一の道だ。そのうちきっと、おれたち人間にさえうらやましく思える時がくる。

そしたらライス。好きな青草をたっぷり食べて、もう少し太ってよ、恋でもなんでも好きなことをして、北海道でのんびり暮らせや。

サラブレッドは走るために作られ、戦い、勝つことによって存在する。しかし、マシンじゃない。

喜び、悲しみ、痛みを感じることのできる馬なのだ。我々人間と同じ、血の通った生き物なのだ。

闘志に燃え、ゴールを駆け抜けるライスシャワーは確かに美しい。しかし恋をしてうろたえるライスは、もっと素晴らしい。

七月二九日、ライスシャワーは次なる戦いに向けて美浦《みほ》トレーニングセンターに帰厩《ききゅう》していった。

大東牧場の、輝ける二カ月の夏が終わった。

ミホノブルボン

強くなる馬は、四歳の夏に伸びるといわれる。

ダービーを終え、秋競馬の開幕までの数カ月間にどこまで体を回復させ、精神的な成長を遂げるか。それが古馬になっても活躍できる馬か否かの境い目になる。この時期に伸び切れなかった馬は、単なる早熟な馬という烙印《らくいん》を押され、いずれ人々の脳裏《のうり》から忘れ去られていくことになる。

大東牧場で二カ月の休みを取ったライスシャワーは、明らかに、後に続く能力をたくわえていた。

九月二七日に行なわれた中山のセントライト記念（GⅡ・二二〇〇m・ラジオ日本賞・四歳オープン）で、ライスシャワーはさっそくその能力を証明することになった。出走は全一三頭。ダービーに出走した馬は、唯一ライスシャワーのみである。

興味深いことは、いわば格下の馬を相手にするこのレースで、ライスシャワーの評価が三番人気であったことだ。

夏の間に地方で実戦をこなしていた他馬のほうが、休み明けのライスシャワーよりもこのレースに限っては有利と判断されたのか。それとも、ダービーの二着は単なるフロックと見られたのか。おそらくその両方の理由によるものであろう。

ともかくライスシャワーの実力は、その知名度ほどには評価されていなかったことになる。

結果は伏兵レガシーワールドが前半から逃げ、中段から追ったライスシャワーはわずかにそれに届かず二着に終わっている。初めての競《せ》り合って負けたレースではあったが、負けてなお強し、と思わせる内容だった。

実はこの時、ライスシャワーにはいくつかの点で不利があった。休み明けで体重が絞り切れていなかったこともそのひとつだが、騎手が的場から若手の田中勝春に乗り替わっていたことも要因だった。

この日的場は、函館で他のレースに出走していた。田中にミスがあったわけではなく、むしろ好騎乗といえる内容ではあったが、クセの強いライスシャワーの能力を精神的にまで引き出したともいい難い。誰《だれ》が乗っても乗りやすい馬である反面、信頼されるまでには時間のかかる馬であることも事実だった。

しかもライスシャワーは、一四頭立てのレースで大外の一四番からのスタートだった。序盤で好位置を確保できなかった理由もここにある。結果、ライスシャワーは終始大回りを強《し》いられ、実際の着差以上に長い距離を走らされることになった。

だが、こうした表面的な不利以上に、ライスシャワーにはもっと重要な〝何か〟が欠けていたのではなかろうか。そのために、持ち味である闘争本能が完全燃焼しなかった。その〝何か〟とは、宿敵ミホノブルボンの存在である。

特に五月のダービー以来、ライスシャワーは常にミホノブルボンを倒すことを考えていた――。

まさか、そんなことがありうるだろうか。だが、これは、あながち否定できない仮想である。少なくとも、そう考えるだけの根拠はいくらでもある。

サラブレッドは、昔、群で生活する野生の馬だった。その群の中に自らの子孫を残す権利を勝ち取るために、牡馬はボス争いを繰り返した。その種族保存本能が、サラブレッドの闘争心となって表れる。それがレースに勝つための原動力となる。つまり競馬は、馬のボス争いのシミュレーションともいうことができる。

ライスシャワーは、これまでに三回ミホノブルボンと戦い、すべて敗れていた。ただの一度たりともその前を走ったことはない。

馬に限らず、すべての野生動物は、一度でもボス争いに負けた相手を生涯忘れないという。常にその存在を意識し、ある時には恐れ、またある時には地位の逆転を狙《ねら》い挑もうとする。ボスを倒さなければ、自分が子孫を残すことはできない。この種族保存の闘争心は、その牡《おす》が精神的にも性成熟する年齢に達するとさらに強いものとなる。

ライスシャワーは、かねてから闘争心の強い牡馬だった。頭もいい。あらゆる面で子孫を残す権利を有する馬である。当然、ボス争いに加わろうとする意志がある。そのライスシャワーが、三回戦い、一度も勝てなかったミホノブルボンを記憶していたとしてもまったく不思議はない。むしろ意識していなかった、と考えるほうが不自然ではないだろうか。

ミホノブルボン――。

あらためてここで、この一頭の怪物について言及しておく必要がある。

名馬は血統により生まれるものか。それとも、調教によって意図的に作り出されるものか――。

「鍛えて名馬を作る」

この故・戸山為夫調教師の哲学の申し子となるべく、ミホノブルボンは平成元年四月二五日、門別《もんべつ》の原口牧場に生まれた。その母カツミエコーは、なんと公営D級の三流馬だった。もちろんミホノブルボンを産むまでは、繁殖牝馬としても早熟が取り柄なだけの、まったく無名の存在だった。

カツミエコーは、どちらかといえば骨が太く、ダートの中距離向きの血統である。生産者の原口圭二は、当初このカツミエコーにネヴァーベンド系のブレイヴェストローマンを掛け合わせ、力強さにスピードを兼ね備えたマイラーを作り出そうと考えた。

だが、当時人気種牡馬であったブレイヴェストローマンは、種付料も高額だった。そこで原口が苦肉の策で選んだのが、同じネヴァーベンド系で、より種付料の安価なマグニテユードだった。

マグニテュードは英ダービー馬のミルリーフを父に、英オークス馬のアルテッセロワイヤルを母にもつアイルランド産の輸入種牡馬である。特に母方の家系には三頭の英ダービー馬と、仏凱旋門《がいせんもん》賞馬がいる名血統である。しかしマグニテュード自身の現役戦績は六戦〇勝。快速マイラーとして期待されながらもそれを裏切り続けた、偉大なる血統の二流馬であった。

この二流馬の父と三流馬の母の間に生まれたのが、ミホノブルボンだった。

血統からいえば、母と同じように公営級である。だが父母から良い面を受け継ぎ、いかにも頑健そうな大柄な馬格をしていた。そこに目を付けたのが、戸山調教師だった。

この馬ならば、自分の厳しい調教に耐えられるかもしれない——。

戸山はそう考えた。

栗東《りっとう》トレーニングセンターで徹底した坂路調教を行ない、戸山はミホノブルボンを鍛え上げた。馬格だけでなく、根性にもそうとうなものがあった。こわれるか、それともモノになるか。勝負であった。そしてミホノブルボンは、サラブレッドには異例ともいえる激しい調教についに耐え抜いた。

平成三年九月七日、中京《ちゅうきょう》の新馬戦（一〇〇〇m）にデビュー。スタートこそよくなかったが、残り三ハロンで一〇馬身差し切って快勝し新馬戦をかざった。

以後ミホノブルボンは、連勝街道を驀進《ばくしん》する。特に緒戦以外は常に先行し、他馬の後塵《こうじん》を浴びることなく自らハイペースに持ち込み、最後の直線で二着以下をさらに突きはなす。その力を誇示するかのような圧倒的な勝ち方を繰り返してきた。

デビュー以来、この年のダービーまで破竹の六連勝。皐月賞、ダービーの両クラッシックの栄冠に輝く無敵の二冠馬であった。

その連勝記録をどこまで伸ばすのか。確かに血統的には、三〇〇〇mの菊花賞《きっか》には距離の壁がある。だが、ミホノブルボンには、その程度のハンデを克服するだけのスピードと力があった。誰もが三冠を達成することを信じて疑わなかった。

ミホノブルボン――。

この血統へのアンチテーゼとして戦い続ける一頭の馬を、いつしか人々は畏敬《いけい》の念をもって、〝怪物〟と呼ぶようになっていた。それは戸山調教師の執念によって作られた、〝サイボーグ〟という意味をも含んでいた。

飯塚調教師の思惑

競馬は単なる馬対馬の戦いではない。

馬が他の馬をライバル視するように、騎手対騎手、調教師対調教師の戦いでもある。ライスシャワー対ミホノブルボンの戦いは、すなわち飯塚調教師対戸山調教師の戦いでもあった。昭和四九年に厩舎を開業した飯塚は、調教師としてまだ一度もGI馬を世に送り出していなかった。逆に栗東の名調教師として知られる戸山は、一九八六年にタニノハローモアでもダービーを制している。

強い馬を作るためには、よい素材にめぐり合える運が必要だ。しかし運だけでは、強い馬を作り出すことはできない。戸山調教師の数々の偉業が単なる運によるものではないことは、論ずるまでもなく明らかだった。

その飯塚に、運が向き始めていた。ライスシャワーである。

最初は「オープン馬としてそこそこはやるだろう」くらいに思っていた小柄な仔馬が、この年ダービーにまで出走し二着になった。うれしい誤算だった。このまま順調にいけば、いつかはライスシャワーによって、念願のGIを制覇できる日がくるかもしれない。

その前に立ちはだかる壁が、戸山調教師に他ならなかった。

あらゆる勝負事に、〝もしも〟の一言を加えて論ずることは無意味であろう。だが、あえて、もしもこの年に〝怪物〟ミホノブルボンがいなかったとしたら――。

ライスシャワーは〝ダービー馬〟になっていたのだ。考えても意味のないことだとわかっていても、その思いを封殺することは容易ではない。

その飯塚調教師にとって九月二七日のセントライト記念の二着は、好走と評価する以前にまた別の意味をもっていた。当日一着となった騸馬《せんば》レガシーワールドは、やはり戸山調教師が作り上げた、〝戸山理論〟の申し子だったのだ。

ライスシャワーの前には、常に戸山厩舎の馬が走っている。しかもその騎手は、いつも小島貞博であった。

戸山調教師は、ミホノブルボン、レガシーワールドの調教に徹底して栗東トレーニングセンターの坂路を使う。それが戸山厩舎の馬の、ひいては最近の関西馬全体の強さの秘密だともいわれていた。

確かに坂路調教は、馬のスピードとパワーを効率よく鍛えられる。反面、それだけ馬に対する負担も大きなものとなる。安易に坂路調教を多用すれば、馬を潰《つぶ》してしまうことにもなりかねない。

もちろん美浦のトレーニングセンターにも、現在は坂路コースが備えられている。しかし平成五年一〇月に完成するそのコースは、当時まだ施工途中であった。

そこで飯塚はライスシャワーに対し、ダートの併せ馬《あわうま》(他馬を並走させる調教方法)を中心に地道な調整を積み重ねてきた。だが、たとえ当時の美浦に坂路があったとしても、一度骨折を経験したライスシャワーにこれを使っていたかどうかは疑問である。

坂路調教は瞬発力のある筋肉を作るには適しているが、持久力のあるしなやかな筋肉はむしろ地道なトレーニングを積むことによって身に付く。また他馬を並走させることによって、同時に競り合う闘争心も鍛えることができる。脚に負担をかけない平地のダートを使った併せ馬は、そのすべての条件を満たしている。

ただし、その効果が現われるまでには時間がかかる。即効性という意味では、やはり坂路調教のほうが有利なのではないか。

いずれは飯塚のやり方が実を結ぶ時がくるはずだった。しかしそれがいつになるのか。

この秋の菊花賞に間に合うのかどうかは疑問だった。

その中で一〇月一八日、京都新聞杯（GⅡ・二二〇〇ｍ・菊花賞トライアル・四歳オープン）が行なわれた。

このレースには、ミホノブルボンも出走する。飯塚は菊花賞という本番を前に、もう一度ライスシャワーをぶつけてみるのも悪くはない、と考えた。

おそらく勝てないであろう。しかし問題は、その戦い方にある。

あっさりと負けを認めて引き下がるか。それとも無駄とはわかっていてもこれに競り掛け、勝とうとする闘争心を見せるかどうか……。

ミホノブルボンに対する負けぐせが付く、という心配は考えなかった。これまでライスシャワーはミホノブルボンと三回戦い、すべて負けている。すでに自分より強い敵として、当然意識してしまっている。

ここで一回多く負けたとしても大きな影響はない。むしろその程度のことで闘争心を失うような馬であれば、最初から菊花賞の大舞台で勝てるわけがない。

出走は全一〇頭。ライスシャワーは一枠一番。ミホノブルボンは八枠一〇番の大外に枠順が決まった。

人気は四カ月半の休養明けをしてなおミホノブルボンが絶対的な一番人気に推《お》された。ライスシャワーはここ二戦の好走を評価され、二番人気となった。他にはダービーで七着に終わったナリタタイセイ、同じく一〇着のヤマニンミラクル、四連勝でGⅢ、GⅡ（神戸新聞杯）を勝ち上がってきたキョウエイボーガンなどが顔を揃《そろ》えていた。

ライスシャワーは一週間前から栗東に入り、万全の態勢でこのレースに臨むことができた。馬体重も太目だった休養明けのセントライト記念より四kg減り、四三八kgに絞れていた。鞍上《あんじょう》は的場だった。

レースはスタートからいつものようにミホノブルボンが飛び出し、自分のペースで馬群を引っ張った。ライスシャワーは四番手あたりからこれを追う。そして最終コーナーの途中から二番手まで上がってきた。

直線は完全に二頭の一騎討ちとなった。差が、三馬身と開く。だが、ライスシャワーはそれ以上離されない。むしろその差が詰まっていくように見えた。

珍しく、鞍上の小島がミホノブルボンにムチを入れた。的場もこれに倣《なら》った。明らかに勝ちを意識した騎乗に見えた。

結果は一馬身差及ばずの二着。三着以下を大きく引き離す好レースであった。

ライスシャワーはミホノブルボンに対する闘争心を失ってはいなかった。

最初はまったく歯がたたなかった。皐月賞では大差の八着に敗れた。ダービーでは四馬身差の二着だった。

そしてこの京都新聞杯で、ついにその差は一馬身半差にまで小さくなった。しかも逃げる相手を追い詰めての一馬身半差である。

ミホノブルボンが休養明けということで調子を落としていたわけではない。この日の時計は二分一二秒〇。京都の二二〇〇mのレコードタイムだったのだ。むしろ絶好調ともいえるミホノブルボンを、ライスシャワーは追い詰めたのである。

菊花賞になれば、距離はさらに八〇〇m伸びる。ステイヤー（長距離馬）の血統に生まれたライスシャワーは、中距離型のミホノブルボンとの差をさらに詰めるだろう。

それでもまだ飯塚は、勝てるとまでは考えてはいなかった。しかし、少なくとも接戦には持ち込める。そうなれば、面白いことになる……。

ライスシャワーは〝競い合ってこそ強い馬〟であった。

決戦前夜

京阪電鉄の淀《よど》駅を降りて左手を望むと、すぐ目の前に関西のサラブレッドのメッカ京都競馬場が見えてくる。

中に足を運ぶと正面に名物の時計台を見上げ、また歴代二頭目の三冠馬となったシンザンの像が訪れる者を出迎えてくれる。

通称「淀のコース」として知られるトラックは、右回りの一周一八九四m（芝・外回り）。大きな高低差と、四〇〇mの長い直線をもつ雄大なコースだ。古くから春の天皇賞、菊花賞等の重賞レースが行なわれ、数多くの名勝負の舞台となった日本屈指の名門コースでもある。

ライスシャワーの淀へのデビューは、おしくも二着に終わった。だが、やがてこの小柄な馬が、過去の名勝負に劣らぬ大歓声をここに巻き起こそうとは、誰が予想しえたであろうか。

京都新聞杯を戦い終え、次の菊花賞までの約三週間を、ライスシャワーは好調を維持するために栗東で過ごしていた。いつものようにダートコースを使い、毎週のように強い追い切りが行なわれた。

最終日に乗ったのは的場である。ここのところきついローテーションで使われているためか、多少疲労が残っている様子があった。

追い切りの感触は、どことなく物足りないという感触があった。しかし馬体そのものの状態は悪くはない。毛艶《けづや》も良好だった。

百戦錬磨の的場にとっても、ライスシャワーはある意味、摑《つか》み所のない馬だった。「ヤンチャはするが、気を表に出さない」ところがある。何を考えているのかわからないくせに、的場の考えていることはわかっている。そうかと思うと、「ほっといてくれよ」といわんばかりの態度をとる。

マイペース主義なのだ。その点でライスシャワーは、的場とよく似ている。

菊花賞を前にして、栗東トレーニングセンターは活気に満ちていた。その中には〝怪物〟ミホノブルボンの姿もあった。

戸山調教師は、あいかわらずハードな調整を行なっていた。名物の長い坂路を使った追い切りを、一日に五本。巨大な筋肉が躍動する。だが、時折ミホノブルボンは、調教を拒否するかのように立ち止まって動かなくなる。

「ぶったたいてでも走らせろ！」

戸山調教師の檄《げき》が飛ぶ。小島のムチが飛ぶと、うなだれながら、渋々スタートラインに向かって歩いていく。

目が、何かを訴えようとしている。あのミホノブルボンでさえ、調教がつらいのだ。

その姿は〝怪物〟でも〝サイボーグ〟でもなかった。ごく普通の、四歳の若いサラブレッドにすぎなかった。

菊花賞に勝ちたい。ミホノブルボンを負かしたい。的場は素直にそう思った。

けっして不可能なことではない。チャンスは十分にある。あとは、多少の運が味方してくれるかどうかだ……。

その運が、まずひとつ的場の味方をした。前々日に行なわれた枠順を決める抽選で、調教助手の法理が全一八頭中四枠の八番を引き当てた。ミホノブルボンは同枠の七番。先行するミホノブルボンの後方に付くには、絶好のポジションであった。

さらに面白い情報が飛び込んできた。栗東の野村厩舎のキョウエイボーガンの関係者が、菊花賞も「一か八かの逃げに出る」と公言したのである。

ミホノブルボンの勝ちパターンは、ほとんど〝先行逃げ切り〟である。特にここ五戦は、その前を他の馬が走ったことすらない。すべて自分がレースのペースを作ってきた。

だが、キョウエイボーガンは、ミホノブルボン以上の典型的な逃げ馬である。スタート直後のダッシュ力には定評があった。騎手の松永幹夫がその気になれば、ミホノブルボンを押さえて鼻を切ることはそれほど難しいことではない。

もしキョウエイボーガンが逃げたら、ミホノブルボンはどう出るか――。

もちろん菊花賞の三〇〇〇mという距離を、キョウエイボーガンが逃げ切るという可能性は薄い。ミホノブルボンは自分の競馬をするだけだ。しかし、少なからずペースを乱されることになる。そこに隙が生じる。

長いレースほど、展開は読みやすくなる。

的場は一九七五年のデビュー以来、ここまで計六回の優秀騎手賞と四回のフェアプレー賞を受けた名騎手である。特にその勝率による確実性と、長距離レースのレース運びには定評があった。

キョウエイボーガンが逃げる。後方からミホノブルボンが競り掛ける。その後方を、ライスシャワーが影のように追走する……。

チャンスが見えてきた。

翌朝――。

京都の空は前日と同じように晴れ渡っていた。

良馬場だな……。

川島厩務員の胸に、少しだけ安堵《あんど》の色が広がった。

いつものように馬房へ行き、まずライスシャワーに声を掛ける。

「ライス、お早よう。だいじょうぶか。今日は菊花賞だからな。頑張ろうなあ」

勝ってほしいと思う。自分の夢を、現実にしてほしいと思う。しかしそれ以上に、無事に走り切ってほしいと思う。

川島の人生にとってライスシャワーは、もはやかけがえのない特別な存在だった。この一カ月、川島もライスシャワーとともに栗東に泊まり込んでいた。最後の仕上げは、川島の役目である。ほとんど不眠不休、ライスシャワーのこと以外には何も考えられない生活だった。それでも川島の人生において、これほど充実した時間は初めてだった。

川島の差しのべる手に、ライスシャワーはかすかに甘えるような素振りを見せた。

菊花賞

一一月八日、京都――。

この日、数々の名勝負を生んだ淀のコースで、新たなる伝説が幕を開けようとしていた。ライスシャワーはいつものようにその闘志を内に秘めていた。落ち着いている。返し馬の感触にも、数日前の追い切りの疲れは残っていない。

この日、一番人気に推されたのはやはりミホノブルボンだった。ライスシャワーは二番人気。しかしこの両者の間には、その順位以上に大きな開きがある。

ミホノブルボンの単勝オッズは一・五倍。対するライスシャワーは七・三倍。その支持率は約五分の一。ライスシャワーはあくまでも、三冠を目指すミホノブルボンの脇役という評価にすぎなかった。

時とともにライスシャワーの気迫は高まっていた。そして午後三時三五分、ついにピークに達した。

最後の一頭、一八番のダイイチジョイフルがゲートに納まった。係員が左右に散る。淀の風の中に、乾いた金属音が響いた。

いつものように、ミホノブルボンが好スタートを切った。だが外から、火の付いたようないきおいでそれをかわす一頭があった。やはり、キョウエイボーガンが行った。

「しめた……」

的場は思わず頭の中で呟いた。

前日から、キョウエイボーガンが鼻を切れば、ミホノブルボンが掛かるのではないかという期待があった。最初の三コーナーで、キョウエイボーガンとミホノブルボンの差は三馬身にまで開いた。

三番手はメイショウセントロ。四番手に名手岡部幸雄騎乗のマチカネタンホイザ。しかしミホノブルボンは後方を気にする余裕もなく、一心不乱にキョウエイボーガンを追っていく。小島貞博の制止も功を奏さない。完全に折り合いを欠いていた。

こうなれば無理をしてミホノブルボンの後方に付けることはない。先頭の二頭に行かせるだけ行かせてしまえば、何とかなる。的場はライスシャワーを五番手の好位置に抑え、好機をうかがった。

一周目の四コーナーを抜けて直線に入ると、キョウエイボーガンはさらにペースを上げた。ミホノブルボンもそれに引っぱられていく。

早すぎるほどのペースだ。馬群は徐々に縦に広がっていく。

一コーナー、二コーナーと抜け、二周目に入る。先頭と二番手の差は、あいかわらず三馬身と詰まらない。しかし、そこから三番手までの差は、五馬身以上にまで大きくなっていた。

的場は奇妙なほどに冷静だった。

このまま最終コーナーまで、五番手をキープすることはそれほど難しくない。馬群が縦に広がった分だけ、囲まれてもまれる心配もない。一周目の直線では、なんと的場はオーロラビジョンに映る自分の姿を見ながら走るほどの余裕があった。

ライスシャワーも冷静だった。

この日のレースが、いつもより距離が長いことを知っているかのような走り方だった。

ライスシャワーにとって、菊花賞という言葉は何の意味もない。今までに何回も経験してきた、ミホノブルボンを倒すための、単なる戦いのひとつにすぎない。

その意味では的場の胸中も同じだった。

菊花賞に優勝しようとは考えていない。敵はミホノブルボンただ一頭。それに勝つことが、今の自分にとっての目的のすべてである。優勝は単なる結果にすぎない。

向こう正面の終盤から、早くも四番手のマチカネタンホイザが動き始めた。この時点で先頭のキョウエイボーガンと五番手ライスシャワーの差は、まだ一〇馬身以上もあった。

そろそろ行くか？

的場が手綱に合図を送った。ライスシャワーは、それに鋭く反応した。

やはり、こいつはおれの考えていることがわかっている……。

力強い手応《てごた》えが返ってきた。

長い直線を抜けて、馬群は二度目の三コーナーへと登り詰めていく。淀の三〇〇〇mのコースの中で、馬に最もスタミナが要求される地点だ。

ここでキョウエイボーガンの脚色に陰が見え始めた。地力に勝るミホノブルボンが見る間にその差を詰め、完全に射程距離にとらえた。続いてメイショウセントロ、マチカネタンホイザが先頭の二頭に体を合わせていく。

ここから最終コーナーにかけて、淀名物の長い下りになる。登りとは逆に、体力よりも馬のバランスが要求される難所だ。

だが〝ユートピアの山〟で育ったライスシャワーは、これをまったく苦にしない。他の馬が思わず腰を引く下りも、平地に等しいといわんばかりにストライドを伸ばす。絶妙の脚さばきで、先頭集団に上がっていく。

最終コーナーの途中で、ついにキョウエイボーガンが力尽きた。大バクチに出た松永の夢も、もはやこれまでだった。それまでの快走がまるでうそのように、後方に迫る馬群に呑《の》み込まれていく。

マチカネタンホイザ、続いてライスシャワーが、メイショウセントロをもかわした。的場のすぐ横に、マチカネタンホイザに乗る岡部の顔があった。

その前を行く馬はただ一頭。小島貞博騎乗のミホノブルボンだけだ。

勝負だ――。

レースはあと四〇〇m。ミホノブルボンが先頭で最終コーナーを抜けた。


その時ユートピア牧場の四人の厩務員たちは、ダービーと同じように事務所のテレビの前に集まり、声援を送っていた。

関西テレビの名アナウンサー、杉本清がマイクの前で声を張り上げた。

――ようやくここで、ようやくここで、ミホノブルボンが先頭に立った。（中略）あと四〇〇mだ。どっからでも、何でもこいという感じかミホノブルボン――。

その声には明らかに、シンボリルドルフ以来の無敗の三冠馬を目指すミホノブルボンへの期待が込められていた。

だが、男たちの力強い声援がそれを掻《か》き消した。

関係ない。勝つのは、「おれたちの」ライスシャワーだ。

ライスシャワーの手応えはまだ十分に残っていた。ムチが入る。マチカネタンホイザをかわした。あれほど遠かったミホノブルボンの後ろ姿が、いま、手を伸ばせば届くところにあった。

飯塚調教師は、関係者席からその様子を見守っていた。

勝てる。あのミホノブルボンを差せる――。

ライスシャワーは、自分が鍛えた馬だ。競り合ったら負けない。負けるわけがない。

ミホノブルボンが必死に逃げる。

外からライスシャワーが、あの追い切りと同じように体を合わせて競りかける。

内からはマチカネタンホイザが、最後の脚を使って追いすがる。

だが、的場の目の前で、ミホノブルボンの脚がさらに力強く伸びた。

力を使い果たしたはずじゃなかったのか。まだ余力を残していたのか。まだ、勝つつもりでいるのか……。

だが、負けるわけにはいかない。これまでの苦労と汗を、すべてここで霧散させるわけにはいかない。

的場がムチを握る手に最後の気合を入れた。

並んだ。

そして、かわした。

杉本アナウンサーはマイクに絶叫した。

――外からライスシャワー。外からライスシャワー。（中略）ライスシャワーがかわしたか。ああ、ライスシャワーが先頭に立った……。

一二万人の歓声が、悲鳴にも似たどよめきに変わった。その差が、ライスシャワーのしなやかなひと脚ごとに、確実に開いていく。ミホノブルボンの、戸山調教師の三冠の野望が遠のいていく。

もう前を行く者は何もない。

ライスシャワー。

その名にふさわしい栄光のバージンロードが、〝二人〟の前に広がった。

去り行く者

淀の伝説は幕を開けた。

ライスシャワーはついに菊花賞で、この年最後のクラッシックの頂点に立った。

もちろんこの栄光は、ライスシャワーという一頭の馬の能力のみによるものではない。この馬に関わり、ともに戦い、苦難の道を歩き続けた、すべての人々の血と汗の結晶であった。

ライスシャワーがミホノブルボンを押さえてゴールを駆け抜けた瞬間、ユートピア牧場の四人の男たちは、ダービーの時と同じように言葉にならない声を絞り出した。大の男が、泣いた。

サラブレッドに関《かか》わる者にとって、クラッシックの制覇は夢であり、また人生最大の目標でもある。そのすべてが達成された瞬間だった。

川島厩務員は、ダービーに二着に入った時よりもむしろ冷静だった。表彰式に出るために、飯塚や栗林育子オーナー夫人とともに会場へと向かった。実感が湧《わ》いてきたのは、一夜明けた翌日になってからだった。

「すごいことをやった。ライスは本当に、すごいことをやってくれた……」

昨日までの自分と、別人になったような感覚があった。

栗林育子オーナー夫人にとっても、他の関係者以上に信じられない思いがあった。ライスシャワーは元より夫人が最も可愛《かわい》がっていた馬である。大好きな黒い仔馬だった。そのライスシャワーと自分が、菊花賞の表彰式の舞台に立っている。

栗林家は、日本有数のサラブレッドのオーナーブリーダーである。昭和二七年、まだ先代の当時に、クリノハナによって皐月賞、ダービーを勝っている。以来四〇年余。この日ライスシャワーの菊花賞制覇によって、栗林家のクラッシック三冠が成し遂げられたことになる。夫人にとっては、もちろん初めてのクラッシック表彰式であった。

飯塚調教師をして、「ジョッキーが最高の競馬をしてくれた」といわしめた的場は、レース後のインタビューで次のように語った。

「（騎手として）ミホノブルボンの三冠を阻止したことよりも、ライスシャワーにひとつのクラッシックをプレゼントできたことが、何よりもうれしい……」

だが、こうした関係者の喜びとは裏腹に、世間の反応はむしろ冷ややかだった。

平成四年度の菊花賞は、ライスシャワーが勝った菊花賞ではなく、ミホノブルボンが〝勝てなかった〟菊花賞になった。シンボリルドルフ以来の三冠馬の誕生を、一頭の伏兵がぶちこわした菊花賞にすぎなかった。ライスシャワーは、菊花賞に勝っても、主役とは認められなかった。

ある競馬評論家は、次のようにいった。

「あのレースは、ミホノブルボンに明らかな不利があった」

〝不利〟とは、もちろん松永幹夫の騎乗したキョウエイボーガンのことである。

勝てもしない馬が無理矢理先行した。それが原因で、〝主役〟のミホノブルボンが折り合いを欠き、つまらない負け方をしてしまった。その競馬評論家は、おそらくそういいたかったに違いない。

またライスシャワーは、キョウエイボーガンの暴走なくしては勝てなかった。実力で勝ったわけではない、と――。

だが菊花賞は、ミホノブルボンに三冠を取らせるために用意された舞台ではない。一万頭の四歳馬の中から選ばれた出走全一八頭のすべてに、公平に勝つ権利が与えられた公のレースである。キョウエイボーガンは、もちろんその一頭に含まれている。

しかもキョウエイボーガンは、これまでのレースも〝逃げ〟を得意として勝ってきた。菊花賞の舞台でも松永がこの決め手に運命を賭《か》けたことはむしろ当然だった。結果的には大敗を喫したが、松永騎手の判断はどこから見ても正当な作戦に他ならなかった。

もちろんあの時キョウエイボーガンが逃げていなければ、ミホノブルボンは自分のペースで気分よく走れたことだろう。もしかしたら、ライスシャワーに勝っていたのかもしれない。

だが、たった一頭の馬に先行されたくらいで折り合いを欠いたことは事実なのである。キョウエイボーガンが責められる前に、ミホノブルボンの精神的な弱さが指摘されるべきではなかろうか。

もちろんライスシャワーは、運だけで菊花賞に勝ったわけではない。キョウエイボーガンのハイペースに巻き込まれたという点では、ミホノブルボンと条件は変わらない。

しかもライスシャワーの走破タイム三分〇五秒〇は、それまでのホリスキーのもつ淀三〇〇〇mの記録を〇秒四も短縮する堂々たるレコードであった。これがライスシャワーの、三〇〇〇mの実力なのだ。

もちろんこの記録は、キョウエイボーガンとともに前半を異例のハイペースに持ち込み、最後まで勝利に執念を見せたミホノブルボンの存在なくしては達成しえなかったものである。いうならば強い馬同士が正々堂々と戦い、その力を出し尽くした結果だった。

そしてミホノブルボンが菊花賞で出し尽くしたものは、単に三〇〇〇mを走り切るだけの一瞬の体力だけではなかった。実はライスシャワーとの戦いの中で、競走馬生命のすべてを燃焼し尽くしていたのである。

菊花賞からしばらくして、あの無敵を誇ったミホノブルボンの豪脚に、深刻な故障が発見された。診断は、競走馬として再起不能という残酷なものであった。

ミホノブルボンは二度とその雄姿をターフに見せることなく、栄光の舞台から去っていった。生涯戦績は八戦七勝であった。

この不遇が最も ショックだったのは、ミホノブルボンに調教師として人生のすべてを賭けていた戸山為夫ではなかっただろうか。後にわかったことだが、菊花賞当時、戸山はすでにその体を癌によって蝕《むしば》まれていた。

平成五年五月、稀代《きたい》の天才調教師戸山為夫は、愛馬ミホノブルボンを失った失意の中で静かに人生の幕を引いた。

新たなる敵を求めて

冬――。

レースはふたたび関東の中山へと移った。

一二月二七日、第三七回有馬《ありま》記念（GⅠ・二五〇〇m・四歳以上・㊋オープン・馬齢）――。

このレースをもって、平成四年度の競馬シーズンは幕を閉じる。

ここでライスシャワーは、未知の新たなる敵と顔を合わせることになった。

菊花賞を終えれば、その年の四歳馬も事実上の古馬（五歳以上）として扱われる。四歳馬限定のレースとは違い、古馬に年齢制限はない。そして数多《あまた》いる古馬の中でも有馬記念に出走してくる者は、今までの同世代の四歳馬とは経験も格も違う。歴戦の猛者《もさ》ばかりである。

出走表を見てみよう。

第三七回有馬記念　中山競馬場　芝二五〇〇m

1	①	ナイスネイチャ	松永昌	57	牡5
1	②	ホワイトストーン	柴田政	56	牡6
2	③	メジロパーマー	山田泰	56	牡6
2	④	レオダーバン	横山典	57	牡5
3	⑤	トウカイテイオー	田原	57	牡5
3	⑥	レガシーワールド	小谷内	55	騸4
4	⑦	レッツゴーターキン	大崎	56	牡6
4	⑧	ダイタクヘリオス	岸	56	牡6
5	⑨	オースミロッチ	松本	56	牡6

5	⑩	フジヤマケンザン	小島貞	57	牡5
6	⑪	イクノディクタス	村本	54	牝6
6	⑫	ムービースター	南井	56	牡7
7	⑬	サンエイサンキュー	加藤	53	牝4
7	⑭	ヒシマサル	武豊	55	牡4
8	⑮	ヤマニングローバル	河内	56	牡6
8	⑯	ライスシャワー	的場	55	牡4

一枠一番には、大レースで常に安定した成績を残すナイスネイチャ（牡五歳・松永昌）。

二枠三番には新潟大賞典、宝塚記念を制した、〝平成の逃げ馬〟メジロパーマー（牡六歳・山田泰）。

同四番に前年の菊花賞の覇者レオダーバン（牡五歳・横山典）。

皐月賞、ダービーを制した最強の二冠馬トウカイテイオー（牡五歳・田原）。

女傑イクノディクタス（牝六歳・村本）。

天皇賞馬レッツゴーターキン（牡六歳・大崎）。

暴れ馬ダイタクヘリオス（牡六歳・岸）。

この中にあってライスシャワー、レガシーワールドなどの四歳馬勢は、その力量はともかくとして、明らかに格下の存在であった。

それでも菊花賞をレコード勝ちした印象の強いライスシャワーは、この日二番人気。一番人気にはトウカイテイオーが推された。

レコード勝ちした馬は、次のレースでは凡走する、というジンクスがある。そのジンクスを証明するかのように、ライスシャワーの初の古馬への挑戦は八着に終わった。一着は序盤から快調に逃げ切ったメジロパーマー。四歳馬ではレガシーワールドが鼻差二着と健闘した。闘将戸山調教師の、最後の意地であった。

ライスシャワーは、なぜ惨敗を喫したのか。

菊花賞からまだ間もなかったこともあって、疲れが残っていたことも一因であろう。追い切りでも楽をしていたために、体重も菊花賞当時の四三八kgから四四六kgへと増えていた。ミホノブルボンという仇敵《きゅうてき》が存在しなかったことで、闘争心が湧かなかった、ということも想像できる。

騎手の的場は、敗因を自分のミスだった、と考えていた。

「あの時（ライスシャワーの）調子は、菊花賞の時よりもむしろいいくらいだった。スローペースでメジロ（パーマー）が逃げたが、自分はトウカイテイオーが気になって、ライスの競馬をしてやれなかった。明らかに自分のミスだった……」

この時トウカイテイオーはスタートに失敗し、終始後方から追うレース展開になった。それを気にするあまり的場も馬群の後方に付け、気が付いたら勝機を逸していた。いずれ〝動く〟はずのトウカイテイオーが、いつまでたっても動かなかったのである。

実はこの時すでに、トウカイテイオーは前脚に剝離《はくり》骨折という重大な故障を起こしていた。動かなかったのではなく、〝動けなかった〟のだ。結果は一一着に終わっている。

だが、レース結果はともかくとして、この有馬記念はライスシャワーの将来にとって非常に大きな意義をもつレースだった。その意義とは、人間の目には見えない、サラブレッドの本能を刺激する運命の光ともいえるものだ。

それは、メジロパーマーだった。

終始自分のペースでレースをリードし、豪快に逃げ切るメジロパーマーの遠い後ろ姿に、本能の強いライスシャワーは何を見たのだろうか。

もちろん〝新たなる敵〟を意識したことはいうまでもない。さらにその思いを、一層増幅させる〝何か〟があったのではないか。

そうだ。かつてライスシャワーの前を幾度となく逃げ続けた馬。あのミホノブルボンの影を見たのではなかったのか――。

古馬

馬の年齢は、いわゆる〝数え年〟で計算される（当時）。

生まれた時点で一歳。二年目が二歳。そして平成五年の新年が明けるとともに、ライスシャワーは五歳となった。以後は正式に〝古馬〟と呼ばれるようになった。

サラブレッドの競走馬生命は短い。頑強な馬でも、一〇歳まで現役を続ける例は稀《まれ》だ。

たとえ故障はしなくても、ほとんどの馬が、その前の段階で能力的な限界を迎え勝てなくなり、引退していく。

五歳は、サラブレッドの生涯の中で最も強い一年であるとされている。

人間のスポーツ選手にたとえるなら、二〇代中盤の最も脂の乗り切った年代といったところだろうか。四歳時のクラッシックが甲子園、大学野球とするなら、古馬のGＩはプロ野球に匹敵するといえるだろう。

その古馬ライスシャワーに、飯塚調教師が求めた新たなる目標は、日本競馬界の最高峰ともいわれる春の天皇賞の楯《たて》であった。

天皇賞には、最強の古馬が集結する。その中で楯を得ることとは、すなわち、その年の国内最強のサラブレッドであることを証明する。

菊花賞に勝った時点で、飯塚はライスシャワーの特殊な素質を見抜いていた。この馬は、明らかにステイヤー（長距離馬）だ。

しかも、二五〇〇ｍ級に強いような普通のステイヤーではない。菊花賞では、あのミホノブルボンすら打ち負かした。三〇〇〇ｍを超えて初めてその能力を発揮する、特殊なステイヤーなのだ。

だが、現在の日本競馬界は、短・中距離（二〇〇〇ｍ以下）が中心である。三〇〇〇ｍ級のレースは極端に少なくなる。

さらにGＩとなると、ほとんど無きに等しい。だからといって菊花賞でGＩを取ったライスシャワーに、格下のレースを目標にさせるわけにはいかない。唯一残された道が、京都の三二〇〇ｍを走る春の天皇賞だった。

相手は屈強の古馬ばかりだ。菊花賞とはまたレベルが一段違う。

その中には、春の天皇賞二連覇を成し遂げた最強のステイヤー、メジロマックイーンが存在する。おそらく今年も出てくるだろう。

だがライスシャワーは、菊花賞にレコード勝ちするほどの馬だ。けっして勝てない相手ではない。

目標は一本に絞られた。幸い年が明け、二五〇〇ｍ級の手頃なレースが何本かあった。四月末の天皇賞までレースに馬体を馴《な》らし、闘争心を持続させておくにも好都合だった。サラブレッドは生き物だ。多かれ少なかれ好不調の波がある。そのピークを目標のレースにもっていくことが最も難しい。

使いすぎれば体に疲れが残り、能力が発揮できなくなる。使わなくても逆に体も精神もゆるんでしまう。ここで二戦ほどたたいておけば、最高のローテーションで本番の天皇賞を迎えることができる。

その第一戦が、平成五年二月二一日、府中の目黒記念（ＧⅡ・二五〇〇ｍ・五歳以上・(混)オープン）だった。このレースはハンデ戦（馬の能力によって背負う斤量が異なるレース）である。ライスシャワーは菊花賞馬であることが評価され、最重量の五九kgの斤量を背負わされることになった。

これまでにライスシャワーが経験した斤量は、五七kgが最高である。たかが二kgの差と考えるかもしれないが、小柄なライスシャワーにはこれが大きなハンデとなる。

馬格を考えれば、五九kgはほぼ限界だった。しかもライスシャワーは、有馬記念の時よりも体重が二kg増えて、四四八kgにまで増えていた。格下の馬を相手に、苦戦は必至であった。

それでもライスシャワーは最後の直線で伸び、マチカネタンホイザの二着と粘った。これはむしろ、ライスシャワーにしてみれば好走と評価できるものだった。そしてこの目黒記念が、ライスシャワーの調子の波の底にあたることになる。

ここからライスシャワーは、天皇賞に向けて頂点へと登っていかなくてはならない。その意味でも二戦目の日経賞（GⅡ・二五〇〇m・五歳以上・㊋オープン）は、結果を求められる一戦となった。

飯塚調教師は、明らかにこのレースを勝ちにいった。天皇賞を意識した厳しい調教を行ない、仕上がりは万全とはいえないまでも体重を四四二kgにまで絞った。

もちろん騎手の的場にも、このレースのもつ意味がわかっていた。

的場は前走の目黒記念から、ライスシャワーに「きつい競馬」をさせることを心掛けていた。目黒記念は、スタート直後からマチカネタンホイザとのマッチレースだった。ライスシャワーは、五九kgもの斤量を背負いながら、このきつい競馬によく耐えた。的場は、あらためてその根性を見直していた。

今回の日経賞は、目黒記念よりもメンバーは楽だ。斤量も五八kgに減っている。天皇賞に向けて勢いをつけておくためにも、勝たなくてはならないレースだった。

レースは的場の思いどおりの展開となった。好スタートから序盤で二番手の好位を確保。逃げるメロンパワーに早くも三コーナー途中で並びかけ、四コーナーではすでに先頭に立っていた。

直線に入っても脚が伸びた。ほとんど馬なりで他馬に格の違いを見せつけ、ゴール手前で独走となった。まったく危なげのない横綱相撲だった。

ちなみに日経賞のライスシャワーは一番人気。これだけの馬でありながら、一番人気に推されたのはデビュー以来このレースが初めてだった。

調子は明らかに上向いている。しかし天皇賞の楯を得るには、まだ十分とはいえない。

打倒メジロマックイーン——。

そのためには、ひとつの大きな賭けが必要であった。

メジロマックイーン

ステイヤーには、なぜか遅咲きの馬が多い。

後に時代の〝最強の古馬〟と呼ばれるようになるメジロマックイーンも、その典型であった。

昭和六二年四月三日生まれ。デビューは四歳の春、平成二年の二月三日になってからである。

いわゆるエリートコースを駆け抜けた馬ではない。阪神競馬場の新馬戦（ダート・一七〇〇m）に新馬勝ちはしたが、二戦目を終えたところで故障を発生し、二カ月半の休養を余儀なくされた。同世代の馬が皐月賞、ダービーを戦っている頃には、まだ五〇〇万下条件あたりで勝ち負けを繰り返していた二流馬だった。

その才能が開花の兆しを見せ始めたのは、四歳の秋になってからである。

五〇〇万下の木古内特別、九〇〇万下の大沼ステークスを連覇し、注目を浴びた。続く嵐山ステークスこそ二着と敗れはしたが、クラッシックの最終戦となる菊花賞の出走権を手に入れることに成功。当時主戦騎手であった内田浩一の好騎乗により、重馬場となった菊花賞を圧勝してGI馬となった。

メジロマックイーンの父メジロティターンもまた、典型的な遅咲きのステイヤーだった。現役戦績は二七戦七勝。セントライト記念、秋の天皇賞（当時は三二〇〇m）、日経賞などに勝っている。さらにその父のメジロアサマも天皇賞馬。父系が中長距離の血統であることは、その戦績が証明している。

また同じように二〇〇〇m以上の中長距離を得意とし、後に宝塚記念でメジロマックイーンを破ることになるメジロライアンは、メジロティターンの母シェリルの直系である。つまりこの二頭は、シェリルの孫同士ということになる。

メジロマックイーンの母メジロオーロラは、日本初の五冠馬シンザンを出したヒンドスタン系にもつながる名血である。メジロマックイーンのステイヤーらしからぬスピードと闘争心は、この母方の特徴を強く受け継いだものだった。この血統もステイヤーとして知られ、菊花賞馬メジロデュレンは母方の兄にあたる。

以前から日本の競馬界には、「天皇賞馬の仔は走らない」というジンクスがあった。しかし科学的にまったく裏付けのないこのジンクスは、メジロマックイーンによって完全に打ちくだかれることになる。

菊花賞に勝った後、メジロマックイーンは一流馬の地位を不動のものとするべく、その主戦騎手が名手武豊へと乗り替わった。そして翌春の天皇賞で、メジロマックイーンは一番人気に応えてこれを圧勝。親仔三代に亘る天皇賞制覇を達成すると同時に、武豊自身の春の天皇賞三連覇に花を添えた。

以後のメジロマックイーンの活躍を簡単に記しておこう。

翌平成四年の春の天皇賞では無敗の二冠馬トウカイテイオーをしりぞけて二連覇を達成。武豊は四連覇。その他阪神大賞典二連覇（平成三、四年）、京都大賞典（平成三年）等、一流馬の名にふさわしい実績を積み重ねてきた。

メジロマックイーンは気性を外に出すタイプの馬ではない。どちらかといえば、強い闘争心を内に秘める気質の馬である。その面ではライスシャワーとよく似ている。

しかもきわめて頭がよい。体力だけでなく、精神的にも安定した実力を発揮する素質をもっていた。

もしこのメジロマックイーンに死角が考えられるとすれば、サラブレッドとしてのピークを過ぎた七歳という年齢だけだ。だが、この春、骨折による一一カ月の休養から明けたメジロマックイーンは、四月四日の大阪杯にあざやかに復帰。二着以下に五馬身差の大差をつけて圧勝し、その実力に寸分の翳《かげ》りのないことを証明していた。

ここまでのメジロマックイーンの戦績は通算一八戦一〇勝。ミホノブルボンとは違い、勝つことも負けることも知り尽くした屈強の古馬であった。

平成五年の春の天皇賞は、そのメジロマックイーンの陣営にとっても大きな意味をもっていた。メジロマックイーンのこのレース三連覇、また武豊の同五連覇という大記録がかかっていたのである。そしてその行く手を阻むものがあるとすれば、前年の菊花賞をレコードで勝ち上がってきた〝刺客《しかく》〟ライスシャワーただ一頭。この一瞬の輝きを放つ若いステイヤーは、誰の目にも楯を得るに十分な力と可能性をもった馬だった。

だがまだ最強の古馬の座は譲れない。メジロマックイーンにとっても、負けるわけにはいかないレースだった。

こうした関係者の思惑とは裏腹に、当事者たる馬同士がお互いに意識しあっていたかどうかはまったく別の次元で考えるべきことだ。ライスシャワー。メジロマックイーン。この二頭は当日まで、過去に一度も出会っていない。お互いの存在をまったく知らないのだ。

馬に限らずあらゆる野生動物は、ある種の予知能力をもっているともいわれる。それはある面では事実だ。山火事や大地震の前にあらゆる動物が姿を消すことを、我々人間は既成事実としてそれを知っている。後にライスシャワーも、その能力をもっていることを証明する時がくる。

だが、その説を過大評価し、よくいわれるように「ライスシャワーはメジロマックイーンを第二のライバルとして意識していた」と考えるのは、ドラマとしては面白いかもしれないが可能性としては薄い。

もしライスシャワーが第二の敵として意識する馬がいるとすれば、前年の有馬記念で完敗したメジロパーマーではなかったろうか。

メジロパーマーは、単なる一か八かの逃げ馬ではない。その気になれば春の天皇賞の三二〇〇mを逃げ切る可能性をもった馬である。またメジロマックイーンも、前年の春の天皇賞で、自分の前を後半まで逃げたメジロパーマーの走りを経験している。

この辺りに、春の天皇賞のレースの綾が存在したのかもしれない。そうなると、勝負の鍵を握るのは、逃げ馬メジロパーマーということになる。

限界への挑戦

それは飯塚調教師にとって、一世一代の冒険だった。

最強のステイヤーを作る方法はひとつしかない。

調教で、叩く。叩いて、絞る。叩いて叩いて叩いて徹底的に絞り上げる。

口でいうのはたやすいが、実際にはかなりのリスクが伴うことを覚悟する必要がある。

並の馬ではこれに耐えられない。もし限界を超《こ》えれば、精神的にも肉体的にも馬をこわしてしまうことになる。

だが、ライスシャワーなら耐えられる。耐えなければ、メジロマックイーンを倒すことはできない。

前代未聞の調教が始まった。飯塚は、美浦のダートコースに連日のようにライスシャワーを追った。見ている側がつらくなるほどの調教だった。

周囲の反応も千差万別だった。マスコミ関係者の中にも、批判的な者は少なくなかった。

「どうせメジロマックイーンには勝てやしない。その前に飯塚調教師は、大切な菊花賞馬を潰しちまうんじゃないか」

確かにメジロマックイーンは、ミホノブルボン以上に〝勝ち目のない相手〟だった。飯塚にも、それはわかっていた。だが、不可能を可能にするためには、心を鬼にする必要があった。

それでもライスシャワーは音を上げなかった。

調教でもレースでも、絶対に手を抜くということをしない馬である。常に自分の限界まで走り抜く。それが自分の運命であることを理解しているかのような馬だった。

レースの一週間前に栗東に入り、調教は一層きびしさを増した。栗東の追い切りには的場が乗った。

的場もまた、自分のやるべきことをわかっていた。

通常、馬が〝仕上がる〟という状態がある。このときのライスシャワーは、すでにそのレベルを超えていた。

あとは未知数である。これ以上やれば、馬に何が起こるかはわからない。的場がライスシャワーに求めていたことは、精神が肉体を超える瞬間だった。

最終の追い切りは、いつもより長目の一マイルから追い始めた。

先行する並走馬にライスシャワーは闘志をむき出しにして競り掛け、残り一ハロンでこれをかわしてゴールの計測地点を走り抜けていく。だが、的場は、それでもまだ手を休めない。さらに二発、三発とムチを入れ、一ハロン以上も長く追った。それを繰り返した。

後に的場は、その時のことを次のように述懐している。

「周囲からはやりすぎじゃないか、いじめすぎじゃないかといわれた。確かに馬にはきつかったろう。可哀《かわい》そうなことをしたと思う。でも、それが必要だった。ライスなら、乗り越えられると信じていた……」

事実ライスシャワーはそれに耐え抜いた。馬体が、完璧《かんぺき》なまでに絞り込まれていることは誰の目にも明らかであった。

六〜七kgは体重が減っているであろうことは、飯塚も的場も予想はしていた。ところが計ってみると、なんと四三〇kg——。

前走の四四二kgより、一二kgも減っていた。精神力が、肉体の限界を超えたのだ。

この時的場は、自分の心の中に、ライスシャワーに対する新たな感覚が芽生えていることに気付いていた。それは一種、奇妙な感覚だった。これまで八千頭以上もの馬にたずさわってきた的場にとってさえ、このような感覚をもつのは初めての経験でもあった。

「人間にだってそうはいかない。耐えられるものじゃない。ましてや馬には、珍しい。心の底から、本当にすごい馬だと思った」

それは人間から馬に対する、畏敬の念ともいえる感覚だった。

メジロマックイーンを倒すために考えられることは、すべてやり尽くした。思い残すことはない。これでもし負ければ、すなわちライスシャワーの器が足りなかった、ということになる。

その自信の現われか、的場は菊花賞の時ほどには枠順にもこだわらなかった。だが、できれば相手を見やすいように、内枠がほしい……。

その思いがかなったのか、前々日に引き当てた枠順は二枠三番。メジロマックイーンは八枠一四番であった。これでいくらかはやりやすくなった。

もし問題があるとすれば、当日の馬場状態だけだ。

前日、京都周辺に豪雨が降った。ライスシャワーはけっして重馬場を苦手とはしていない。だが、メジロマックイーンは、それ以上に重を得意としている。もし翌日まで雨が残れば、勝ち目はなくなる……。

幸い雨は、短時間で止《や》んだ。夜半には強い風も吹き始めた。

乾いてほしい。

的場はそう願いながら、寝つかれない夜を過ごした。

パドック

天皇賞は、日本の競馬史において特別な意味をもつレースである。単に最強の馬を選ぶためのレースではない。同時に、次代の種牡馬を選考するためのレースでもあった。

天皇賞に勝った馬に与えられる楯は、種牡馬となる資格をもつ馬、という意味も含んでいた。

かつて日本のサラブレッドは、優秀な軍用馬を作ることを目的に導入された。もちろん競馬の目的も、当初はそこにあった。天皇の楯は、すべての軍用馬の種となるべき馬に与えられる名誉の証しだったのだ。

もちろん現在は、天皇賞に勝ったからといって国が認める種牡馬になれるわけではない。しかし天皇賞馬、イコール最も価値の高い馬という感覚は、今も日本の競馬界に根強く残っていることは否定できない。

平成五年四月二五日、第一〇七回春の天皇賞（GⅠ・三二〇〇m・五歳以上・オープン）――。

その名誉の楯を賭けて、全国から屈強の古馬一五頭が京都競馬場に集結した。

前日、中山競馬場で騎乗していた的場は、京都駅からタクシーを使って淀に入った。雨のことが気になっていた。

運転手に聞くと、淀周辺にもかなり強く降ったという。しかし雨は短時間で上がったということだった。これならば、少なくとも重にはならないですむだろう。

当日の朝、的場はまず馬房へと向かった。早朝に搬入されたライスシャワーに会うためだった。特に天皇賞という大レースを意識した行動ではなかった。

騎手が最も気になるのは、その日に自分が乗る馬の最終的なコンディションである。馬は良くも悪くも生き物だ。前日までは最高の仕上がりでも、当日の輸送を終えると一変する例はいくらでもある。その朝の馬の状態によって、騎手は最終的なレースの組み立てを決断する。

だが、そこに見たものは、的場が馴れ親しんだいつものライスシャワーの姿ではなかった……。

「ライス、元気か」

そう声を掛けようと思った次の瞬間、的場は思わずその言葉を呑み込んだ。

顔つきが、異様であった。目つきが、無気味なほどに光っている。頭を低く下げ、落ちつきなく前脚で床を掻き、歯を鳴らしていた。

輸送でレースが近付いたことを知ったのか。それとも淀の馬房を見て、半年前のミホノブルボンとの死闘を思い出したのか。

前日まで内に秘めていた気迫が、この朝はすでに許容範囲を超え、全身からほとばしり始めていた。背筋に、悪寒《おかん》にも似た感触が走り抜けた。迫力などという甘い言葉は通り過ぎていた。的場はライスシャワーを見て、素直に「恐《こわ》い……」と感じた。

この馬は、すでに騎手としてベテランの域に達した的場に様々なことを教えてくれる。これほど頭のいい馬がいることを教えてくれたのも、ライスシャワーだった。精神力の何たるかを教えてくれたのも、ライスシャワーだった。

つい先日は、人間が馬を尊敬するという奇妙な感覚も教えてくれた。そしてこの日、的場はライスシャワーによって、プロの騎手として初めて〝馬を恐れる〟ということを学んだ。

パドックに姿を現わしたライスシャワーは、珍しく〝うるさい〟一面を見せた。抑えきれないほどに気迫が高まっていた。

だが、観客の目を引いたのは、むしろその漆黒《しっこく》に輝く鍛え抜かれた馬体であった。

馬体重四三〇kg。マイナス一二kg。その数字が公表されると、場内のどこからともなくざわめきが起こった。

単なる痩《や》せすぎか。それとも最高の仕上がりなのか……。

評論家の意見さえ、これには大きくふた手に割れた。

ライスシャワーは頭を低く下げ、川島厩務員に引かれながらゆっくりとパドックを回った。一歩足を運ぶごとに、全身の筋肉がそれ自体別の生き物のように伸縮を繰り返す。肩が盛り上がり、引き締まった腰が張りつめる。肋骨《ろっこつ》が浮き出るほどに痩せて見える腹にも、しかし、確かに強靱《きょうじん》な筋肉が走り抜けている。

動物のものとは思えない。まるで細い金属繊維を集めて編まれたような、鋼《はがね》を思わせる筋肉だった。馬をここまで鍛えられるものなのか。さらに際立った毛艶のよさが、春の強い陽射《ひざ》しを浴び、狂暴なまでの凄味《すごみ》を引き立てている。

しかも、常識では考えられないほどに細い。この体に、本当に淀の三二〇〇mを走り抜く体力が残っているのだろうか——。

飯塚調教師の究極の選択は、日本競馬界の通念さえも揺るがすものとなった。

第一〇七回天皇賞

芦毛《あしげ》の一頭が、ゲート入りを拒んでいた。

一四番のメジロマックイーンである。

普段は冷静で頭のいい馬だ。それが珍しく入れ込んでいる。

鞍上の武豊が尾をもって引き、後方から二人の係員が押し込もうとするが、なかなか入ろうとしない。人間にはわからない不安に、メジロマックイーンは脅《おび》えているようにも見えた。

主役はやはり、人馬ともに前人未到の大記録がかかるメジロマックイーンと武豊のコンビだった。前日までの専門各紙は、このコンビが偉業を達成するにあたって死角は存在しないかのように伝えていた。

だが、その主役に、小さな異変が起きつつある。すでにゲート入りをすませた脇役ライスシャワーは、鬼気迫るほどの闘争心を発散させながら、きたるべき時を静かに待ち続けていた。

メジロマックイーンがあきらめたようにゲートに入った。続いて最後の一頭、キョウワユウショウがおさまる。

間髪《かんはつ》を容《い》れず、大歓声が湧き上がった。同時に、決戦の火蓋《ひぶた》が切って落とされた。

天皇賞は、淀の外回り芝一八九四mをほぼ二周することになる長距離レースだ。最初の第三コーナーに向かう馬群を抜け出したのは、やはり鞍上山田泰誠の逃げ馬メジロパーマーだった。

メジロマックイーンは多少掛かり気味に先行し、二番手。これに最内から一枠一番のキョウワハゴロモ、三枠四番のムッシュシェクルが競り掛ける。

ライスシャワーも好スタートを切った。最初は二番手集団に付くが、的場はここで控え、五番手にまでライスシャワーを下げた。

まだ早い。天皇賞は三二〇〇mの長丁場だ。五番手は〝二頭のメジロ〟を見ながらレースを組み立てるには絶好の位置だった。

四番手は柴田政人の六枠一一番アイルトンシンボリ。後方外の六番手には女傑イクノディクタスがいる。菊花賞でライスシャワー、ミホノブルボンと好勝負を演じ三着となった三枠五番のマチカネタンホイザは、中段より後方から様子をうかがっている。

三コーナーの途中あたりから、メジロマックイーンが落ち着いてきた。

四コーナーを回ってメジロパーマーはすでに三馬身以上をリード。二番手はムッシュシェクル。さらに二馬身置いてキョウワハゴロモ。メジロマックイーンは四番手でスタンド前を通過した。

ここで中段の順位が大きく変動する。内をついて、マチカネタンホイザが五番手にまで上がってきた。ライスシャワーは外からイクノディクタスにも並ばれ、六、七番手にまで順位を下げた。アイルトンシンボリはさらに後方に控えている。

だが、的場にしてみれば計算どおりのレース展開だった。

最終コーナーまでは、メジロマックイーンを〝見る〟ことに徹する。動く時は、武と同時に動く。あとはライスシャワーの能力と気迫に賭けるだけだ……。

前半は淡々としたレース展開になった。たった一頭の逃げ馬、メジロパーマーのスローペースだ。

そのせいもあって、馬群はなかなか縦に広がらない。特に好位からトップを狙おうとする中段は、団子状態に近い展開となっている。ライスシャワーは周囲を他の馬に囲まれ、内でもまれるような形になった。

以前のライスシャワーは、もまれ弱い馬だった。デビュー二戦目にはそれが原因で、一四頭中一一着と大敗したこともある。

だが、今のライスシャワーには、三歳馬の頃とはまったく比べものにならない経験の積み重ねがある。数々のレースを戦い、限界を超えた調教に耐え抜いた精神力がある。

前を走る馬が蹴《け》り上げる土の固まりが顔を直撃する。それでも、怯《ひる》まない。闘争心を帯びた双眸《そうぼう》は、光を失うことなく前方の敵に狙いを定めている。

一コーナーから二コーナーを抜け、向こう正面へと入る。

メジロパーマーはリードを六馬身と突き離しにかかる。ペースが次第に速くなり、馬群が広がり始めた。

二度目の三コーナーが迫る。ここでまず二番手のムッシュシェクルが仕掛けた。メジロパーマーとの差が、またたく間に詰まる。

この時、ついにメジロマックイーンが動き始めた。

的場はそれを見逃さなかった。

「行け！」

ライスシャワーに合図を送った。待っていたかのように、鍛え抜かれた鋼の筋肉が大きく伸縮した。

三コーナーの登りだ。メジロマックイーンが一気にムッシュシェクルに並ぶ。だが、的場には、それすらも止まって見えた。

ライスシャワーの脚が伸びる。気が付くと、メジロマックイーンのすぐ後方に迫っていた。

四コーナーに向けて、スムーズに坂を下っていく。手応えは、明らかにライスシャワーが上だ……。

ムッシュシェクルは後方に消えた。コーナーの途中で、メジロマックイーンを外からとらえた。最内を回る先頭のメジロパーマーとの差も、すでに一馬身もない。

的場が「勝った」と思ったのはこの時だった。

最終コーナーの出口で、メジロマックイーンがわずかに先頭に立った。内にメジロパーマーが粘る。外からライスシャワーが追う。

三頭がほぼ横一線に並んだ。

残りは直線の四〇〇mを残すのみ。山田の、武の、そして的場のムチが入った。

後方から迫る馬はない。四番手にまで上がってきたマチカネタンホイザも、まったくついてこられない。優勝争いは、完全にこの三頭に絞られた。

壮絶な叩き合いになった。コースは前日の雨の影響で、ライスシャワーの走る外が最も荒れていた。

だが、ライスシャワーはそれすらも苦にしない。鬼脚が、炸裂《さくれつ》した。

この時ライスシャワーは、何を思っていたのだろうか。敵として意識していたのは、帝王メジロマックイーンか。それとも悠然と先頭を走り続けたメジロパーマーか――。

ともかくライスシャワーには勝つ意志があった。そのための闘争心を備えていた。そして鍛え抜かれた、極限の肉体があった。

ゴールまで残り二〇〇m。ここでライスシャワーが先頭に立った。

二番手はわずかにメジロマックイーン。その差が二馬身、三馬身と開いていく。

だが、それでもまだライスシャワーは脇役にすぎなかった。

杉本清アナウンサーの言葉を、直線の入口から追ってみよう。

――第四コーナーをカーブした。さあ、マックイーンの独走になるか。外から、外からライスシャワー。（中略）ライスシャワーかわしたか。もう一度マックイーン。今年だけ、もう一度がんばれマックイーン。しかしライスシャワーだ――。

ライスシャワーは悪役だった。ヒーローを打ち倒す、敵役だった。勝つことを大衆に望まれない、不吉な黒い反逆者だった。

ゴールの手前から、もう的場は追わなかった。

すでに勝負は決していた。誰に望まれることはなくとも、それは的場とライスシャワーにとって、かけがえのない二度目の栄光の瞬間であった。

杉本アナウンサーはいった。

――関東の刺客、ライスシャワー。天皇賞でも圧倒的な人気のメジロマックイーンを破りました――。

的場は鞍上から、レースを終えたライスシャワーの首をやさしくなでた。その手には、ライスシャワーに対するすべての思いが込められていた。

ライスシャワーの目からは、すでにあの恐ろしいほどの気迫は消えうせていた。

刺客

この春の天皇賞を境に、ライスシャワーは〝刺客〟の名で呼ばれるようになった。

ミホノブルボンとメジロマックイーン。この二頭のヒーローを討ち倒したことに加え、黒鹿毛という毛色がヒール（悪役）というイメージを定着させてしまったのだろう。

考えてみれば、これはきわめて名誉なことだ。なぜなら、あらゆるスポーツにおいて、ヒールは実力なくしては務まらないことは、歴史が証明している。

ベビーフェイス（主役）であった王、長嶋に対して、ヒールとしての江夏。ゴルフのアーノルド・パーマーに対して、ジャック・ニクラウス――。

ある意味ではヒールは、ベビーフェイス以上の実力をもって初めて認識される。ライスシャワーがヒールとして認められたことは、すなわちその存在価値を実力で周囲に認めさせたということになる。

菊花賞と春の天皇賞。この二つの長距離レースを制したことにより、ライスシャワーが一流ステイヤーであることはもはや既成事実となった。そしてそれ以上に、ライスシャワーの実力が並外れたものであったことを知っておく必要がある。

ライスシャワーが天皇賞を制した時計は、三分一七秒一。ハロン（二〇〇m）平均一二・三秒――。

これはそれまでのイナリワン（武豊）がもつ春の天皇賞の記録三分一八秒八を、一秒七も短縮するレコードタイムだった。武豊は前人未到の春の天皇賞五連覇の夢をライスシャワーによってはばまれ、同時に自分の保持していた過去の記録さえも失ったのである。

よくライスシャワーが天皇賞に勝てたのは、メジロマックイーンの年齢（七歳）のせいだともいわれた。つまり最盛期であったなら、メジロマックイーンは負けなかった、という論理である。

だがこの主張は、どう考えても根拠にとぼしい。メジロマックイーンによる淀の三二〇〇mの記録は、五歳春の天皇賞の三分一八秒八。イナリワンと同タイムである。二連覇を達成した六歳時は、三分二〇秒〇だった。当然のことだが、ライスシャワー以上の時計を出したことは一度もないのだ。

もちろんレースの時計、イコールその馬の実力と安易に決めつけることはできない。時計は馬場の状態、他の馬の実力、レースのペースなどによっても大きく左右されることは事実だ。だが、同じ意味で、四月二五日の天皇賞がライスシャワーにとって完璧《かんぺき》な条件が揃っていたとも断言できない。

当日の馬場は一応良馬場であったが、前日の雨の影響が多少残り、稍重《ややおも》に近い状態であった。特に最後の直線の追い比べでは、ライスシャワーは荒れた外を通っていた。そしてゴールの手前では、的場は無理に追い切ろうとせずに、馬なりにまかせている。もしあの場で的場がもうひと追いしていれば、ライスシャワーの時計はさらに短縮されていたはずだった。

ライスシャワーは菊花賞、春の天皇賞という日本を代表するＧＩレースを、ともにレコードで勝っている。この事実そのものが、とてつもない大記録なのだ。少なくとも、単なる偶然ではありえない。

もうひとつ、ライスシャワーの実力を知る上で、盲点ともいえるデータがある。

春の天皇賞の斤量は、牝馬五六kg、牡馬五八kgに統一されている。一見公平なようにも思えるが、実はこの牡馬五八kgに統一される斤量は、ライスシャワーにとって大きなハンデとなるものだった。

小柄なライスシャワーの馬体重は天皇賞当日に四三〇kg。対するメジロマックイーンの体重は、五〇〇kg。五八kgの斤量を両馬の体重に対するパーセンテージで表わすと、ライスシャワーは約一三・五%。メジロマックイーンは一一・六%。その差は馬体重の一・九%にもなる。

これをさらに重さに換算すると、軽いライスシャワーを基準にしても、実に八・二kgという途方もない数値になる。これだけのハンデを克服して、ライスシャワーは最強馬といわれたメジロマックイーンに勝ったのだ。

もちろんこれは、天皇賞に限ったことではない。菊花賞では、やはり五〇〇kgを超えるミホノブルボンと、同じ五七kgという斤量で戦い、勝っている。

小柄な馬の宿命、といってしまえばそれまでだ。ルールを非難しても始まらない。だが、もし馬体重別に斤量を設定するルールが導入されていたとしたら、ライスシャワーはもっと楽に勝てていたかもしれないのだ。

負けた二頭の主役が弱かったわけではなかった。

ライスシャワーが、桁外《けたはず》れに強すぎたのだ。

Legendary horse

第四章

挫折

Rice Shower story

雅《が》懐《かい》の馬

天皇賞を終えて、ライスシャワーはまた大東《だいとう》牧場へ戻ってきた。

競馬のシーズンは春と秋である。夏場にも福島や新潟などでローカル競馬は開催されるが、GI馬などの一流どころはこれにほとんど出走しない。秋から春にかけてたまった疲れを癒《いや》すために、育成牧場などで夏休みに入る。

ライスシャワーは五月一四日に大東入りし、笹針《ささばり》などを行なった。菊花賞、天皇賞とハードなレースを消化してきたこともあり、予想以上に疲れがたまっているようだった。

小柄な馬である。スピードもスタミナも最高のものをもってはいるが、やはり相対的な体力という面では他馬よりも劣ることは否定できない。その足りない部分を、精神力で補い続けてきた馬でもあった。

この半年の間に、大東牧場は大きく変わっていた。ライスシャワーが菊花賞に勝った後に三好場長が引退。「もう思い残すことはない」というのがその理由だった。替わって深谷登が、新しい場長に就任していた。

牧場のイメージそのものも変わった。それまでの〝ユートピアの育成牧場〟というイメージから、〝名馬ライスシャワーの牧場〟に格上げされたのだ。以前は関係者以外にはほとんど足を運ぶ者もいなかったが、ライスシャワーが帰ってきてからは毎日のようにマスコミやファンが訪れるようになった。

その分だけ、深谷や他の厩務員《きゅうむいん》たちの気苦労も増えた。ライスシャワー一頭が帰ってきただけで、仕事量も疲れも倍になったような気がした。

しかし、ライスシャワーがいるとやはり楽しい。牧場全体が、華やいだ雰囲気になる。もちろん人の出入りが増えたこともその理由のひとつだが、それ以前に、ライスシャワーという馬が周囲を明るくするだけのエネルギーのようなものをもっていた。言葉でいい表わすなら、〝人間以上の人間らしさ〟を感じさせてくれるのである。

深谷は以前から、ライスシャワーがきわめて頭のいい馬であることに気が付いていた。この半年で、その思いをさらに強くさせる新しいいくつかの発見があった。

ライスシャワーがレースに出走する時は、深谷は必ず競馬場まで出向く。これも育成牧場の場長としての仕事だ。

目に特徴のある馬で、レース前には牧場では見せたことのない鋭い目をしている。だが、レースが終わると、いつの間にかいつもの穏やかな目に戻っている。

面白いのはその時のライスシャワーの態度だ。

負けた時は、なぜかいつも馬房の中で後ろを向いている。首をうなだれ、尻をこちらに向けたまま、声を掛けてもすねたように人を無視している。自分が負けたことがわかっているのだ。

勝った時はまったく逆である。馬房の中から、首を乗り出すようにして深谷がくるのを待ち構えている。頭を上下に揺すり、「どんなもんだい！」といわんばかりの顔をする。

まったくおかしな馬だ。

また深谷は、次のようにもいっている。

「ライスは目立ちたがり屋でね。人がくるのを喜ぶんだよ。特に写真を撮られるのが好きでね……」

牧場にマスコミやファンがくると、ライスシャワーは気になって仕方がないらしい。わざと目立つようにその前を行ったりきたりと走り回る。そして誰《だれ》かがカメラを向けるとその前で立ち止まり、ポーズを取る。

だからライスシャワーの写真は、他の馬よりもよく写っているものが多い。しかも後で自分の写真を見せられると、照れくさそうに喜ぶ。

「あいつはどうも、カメラがどんなものなのかを知っていたらしい……」

深谷はそういう。信じられないかもしれないが、これは実話である。

あるスポーツ紙のカメラマンも、これとまったく同様の証言をしている。

そのあまりの頭の良さからか、以前関係者の間で、「ライスは新聞の字が読めるらしい」というまことしやかな噂《うわさ》がもち上がったこともあった。誰かが新聞を見せると、確かにライスシャワーはそれに真剣に見入るような様子がある。

その新聞の記事で自分の翌日のレースの距離を知り、それに合わせたペースで走る。またライスシャワーはプライドの高い馬なので、自分が一番人気でないと気に入らない。そこで自分より人気のある馬に対して、必要以上に闘争心をむき出しにする、というのである。

もちろんこれは笑い話だが、ライスシャワーの頭の良さを物語る面白いエピソードの一つだ。実際にライスシャワーは、京都競馬場を見ただけで、その日は自分の得意な長いレースであるということを理解して走っていた節もある。

刺客《しかく》――。

黒鹿毛《くろかげ》の反逆者――。

世間からは暗いイメージでとらえられがちなライスシャワーではあったが、実はきわめて性格の明るい馬だった。

その反面、天皇賞を戦い終えた頃《ころ》から、ライスシャワーは一種の風格のようなものを備え始めていた。

夕刻、ライスシャワーはいつも遠くのほうを見ていた。何か、考え事でもしているような様子だった。

そのような時に深谷が声を掛けても、ライスシャワーには人間の姿が目に入っていない。どこか近寄り難い雰囲気があった。ライスシャワーが、人間よりも上の存在になってしまったような、そんな気がした。

天皇賞以来、ライスは変わった……。

しかし、どこがどう変わってしまったのか。

深谷にもそこまではわからなかった。

消えた闘争心

　なにかがおかしい……。

　三カ月ぶりに美浦《みほ》に入厩《にゅうきゅう》したライスシャワーを見て、飯塚調教師は何気ない不安を覚えた。

　体はどこも悪くない。怪我《けが》をしている様子はないし、飼い葉食いも落ちていない。大東牧場でも適度な走り込みはやっていた。天皇賞の時よりも楽をした分だけ体重は増えているが、休み明けとしては状態は悪くない。調教で追っても、そこそこの時計は出している。

　だが、どこか物足りない……。

　前年の、ダービーの後の三カ月の休養明けは「身が入った」という好印象で戻ってきた。ところが今回はまったく逆だ。何か大切なものが抜け落ちてしまったような感じがした。走っていても、覇気がない。やる気があるのかないのか、わからないような走り方だ。一言でいうなら、闘争心が感じられないのだ。

　この時点では飯塚は、まだそれほど心配はしていなかった。天皇賞の前は確かに厳しくやりすぎた。その後でいきなり休みに入ったのだから、多少は気が抜けるのも当然だ。おそらく、その反動だ。いずれ時間が解決してくれるだろう。

　だが、ライスシャワーは、飯塚が考えている以上に重症だった。メジロマックイーンとの戦いに、容易に立ち直れないほどの精神的な痛手を負っていたのである。

ここで飯塚はライスシャワーの調教に、気分転換の意味を含めて、初めてウッドチップコースを使ってみた。初めてにしては、悪くない時計をあっさりと出した。それでもライスシャワーに、気迫は戻らなかった。

サラブレッドにとって五歳の秋は、最も充実するべき時期だ。この先も秋の天皇賞、ジャパンカップ、有馬記念などの中・長距離のＧⅠが控えている。休むわけにはいかなかった。

その秋の緒戦に選ばれたのは、九月一九日の中山オールカマー（ＧⅢ・二二〇〇m・地方競馬招待・四歳以上・㊗オープン・馬齢）だった。

ライスシャワーは最大斤量の五七kg。しかし出走全一三頭の中には、宝塚記念二着など好調のイクノディクタス、七夕賞を勝ったツインターボ以外、これといってめぼしい相手はいない。天皇賞馬ライスシャワーは当然のことながら、一番人気となった。

レースは前半からツインターボが鞍上の中舘英二とともに本領を発揮し、大逃げを見せる展開となった。一時はツインターボから二番手ホワイトストーンまでが約一〇馬身、さらに三番手までが八馬身以上という前代未聞の大逃げだった。

最終コーナーから直線に入った時点で、ツインターボはまだ八馬身以上のリードを保っていた。ライスシャワーは四番手。ここから追い上げを見せるが、その末脚にはいつもの鋭さはまったく感じられなかった。

結局レースはツインターボが五馬身差で逃げ切り、二着は大井《おおい》からの招待馬ハシルショウグン、ライスシャワーは三着に終わった。

どんな馬でも休養明けは、心身ともに不安定な状態にあるものだ。格下の馬を相手に負けることも珍しくはない。

しかしひと叩きし、実戦を経験させれば、GIに勝つほどの馬ならばすぐに勘を取り戻す。オールカマーは他の馬にとっては秋の天皇賞の選考会を兼ねた重要なレースだが、ライスシャワーにとってはむしろ調整という意味合いの強いものだった。三着という着順は、調整としては悪くない結果であるともいえるだろう。

問題は、むしろそのレース展開にある。

休養明けの馬の負け方には、だいたい決まったパターンがある。最も多いのは、久しぶりで気合が入りすぎてしまい、掛かった末に折り合いを欠くパターンだ。入れ込むくせのある馬は、ほとんどこれで体力を消耗する。一六〇〇m以下の短いレースならばそれが功を奏し、力で押し切れる場合もあるが、二〇〇〇m以上の長いレースではほとんど勝ち目はない。

もうひとつは、最初から最後まで闘争心が湧《わ》かずに、凡走するパターンである。能力はあるのに、それを出しきれない。脚を残したまま、ゴールを迎えてしまう。ライスシャワーの負け方は、このパターンにあてはまる。

オールカマーの二二〇〇mは、確かにライスシャワーには短すぎた。だが一世一代の鬼脚で逃げ切ったツインターボは別として、もっと好走してもよいメンバーだった。少なくとも二着は拾えたレースだった。

ライスシャワーは体力よりも精神力で走るタイプの馬だ。菊花賞も天皇賞も、すべて気迫ひとつで勝ってきた。そのライスシャワーが闘争心を失うということは、競走馬として致命的ともいえる意味をもっていた。

天皇賞に負けたメジロマックイーンは、その後の宝塚記念に人気投票で選ばれ、確実に勝っていた。さらに四カ月の休養後の京都大賞典も、他をまったく寄せつけずに圧勝した。メジロマックイーンは、ライスシャワーとの戦いに負けてもなお精神的な傷を残さなかった。あの天皇賞は、メジロマックイーンにとって、生涯の数多いレースの中のたったひとつにすぎなかったのだ。

だが、ライスシャワーには違った。

天皇賞がすべてだった。あの一瞬に、すべてを燃やし尽くしてしまったのだ。

人間と同じだ。

一流のスポーツ選手が、体力的にまだ十分に戦えるのに、精神的な限界を理由に引退を決意する例は多い。マラソンランナーが、大舞台の優勝の直後に引退を発表する。ボクサーが世界チャンピオンになり、一度も防衛戦を戦わずに引退する。我々はそのような例を、いくらでも知っている。

ライスシャワーは確かに、天皇賞という勝負には勝った。

だが、見えない部分のどこかで、メジロマックイーンに負けていたのかもしれない。

泥沼の連敗

調子が戻らないまま、ライスシャワーは秋のGI戦線の本番を迎えた。

第一戦は、一〇月三一日、東京府中の第一〇八回秋の天皇賞（GI・二〇〇〇m・四歳以上・オープン・定量）――。

出走は全一七頭。ライスシャワーはこれに一枠一番で出走した。

春、秋の天皇賞を連覇することは、最強のサラブレッドとしての地位を確固たるものとする。その意味で、ライスシャワーにとっても大切なレースだった。

平成三年にはメジロマックイーンがこの偉業に挑戦。先頭でゴールこそ駆け抜けたものの、武騎手の騎乗ミスにより一八着降着となり、達成しえなかったという経緯があった。

かつてはタマモクロスがこの大記録を達成している。もしライスシャワーがこの天皇賞に勝てば、タマモクロス以来五年ぶりの快挙ということになる（他に、平成元年秋、平成二年春と連覇したスーパークリークの例もある）。

春の天皇賞で最強馬メジロマックイーンをレコードで破ったライスシャワーは、当然この期待を背負うことになった。当日は一番人気。オールカマーの凡走は、休養明けということで問題にならず、というのが大方の専門家の予想だった。

だが、ライスシャワーにしてみれば、この秋の天皇賞は最初から勝つ見込みのないレースだった。

まず二〇〇〇mという距離が、明らかに合っていない。その頃はまだ、ライスシャワーが三〇〇〇m超級のレースにしか本領を発揮しない特殊なステイヤーであることが、一般にはそれほど認識されていなかった。それが一番人気になった理由だろう。

そしてやはり、闘争心が戻っていなかった。そのために調教にも身が入らず、体重も春より一四kg増えて四四四kgにまでなっていた。

気迫のない、しかも絞り切れていないライスシャワーは、単なる凡馬にすぎなかった。

この日もやはりツインターボが逃げ、前半一〇〇〇mを五八秒台というハイペースでレースをリードした。ライスシャワーは終始四番手の好位置でこれを追った。

ツインターボが最終コーナーで力尽きた。最後の直線は好位からの差し合いになった。

この時、ライスシャワーにも勝機はあった。だが、まったく脚が伸びない。結果はヤマニンゼファーが一着。ライスシャワーは大差の六着に敗れた。

「前半の手応《てごた》えは悪くはなかった。しかし勝負どころで、行け、といってもまったく反応しない。力が抜けたような……」

的場にしても、相棒のこの変貌《へんぼう》はかなりショックだった。

勝ち負け以前の問題だ。まったく別の馬に乗っているような感触だったのだ。以後ライスシャワーは、泥沼のようなスランプに陥《おちい》ることになる。

続く一一月二八日、同じ府中のジャパンカップ（GⅠ・二四〇〇m・国際招待・四歳以上・オープン・定量）ではさすがに天皇賞のふがいない負け方にファンにも見離され、七番人気。同期のレガシーワールド（河内）が快走し日本馬の面目こそ保ってはくれたが、ライスシャワーはまったくいいところがなく、一四着と大敗を喫した。

距離が二五〇〇ｍに伸びる一二月二六日の有馬記念では多少は期待されたが、これも五番人気の八着。レースの主役は一年ぶりに復活を遂げたトウカイテイオー。ライスシャワーは脇役《わきやく》にすら名を連ねることはできなかった。

後に飯塚調教師は、当時のライスシャワーについて次のように語っている。

「稽古（調教）はそこそこは良くなってはきたんだけど、競馬にいってまったくいいところがない。この馬はもう終わりかなって、そう思いました……」

馬は正直なもので、調子の良くない時には毛艶《けづや》も悪くなる。筋肉にも張りがなくなってくる。あの春の天皇賞の時に見せた生彩は、まったく感じられなくなっていた。

年が明け、平成六年になっても、ライスシャワーには闘争心は戻らなかった。

二月一三日、阪神競馬場で行なわれた京都記念（GⅡ・二二〇〇ｍ・五歳以上・㊋オープン・別定）でも直線でまったく追い上げる意志を見せず、馬群に沈み五着に終わった。勝ったのは一番人気のビワハヤヒデ（岡部）。二着以下を六馬身引き離す圧勝だった。

もはや天皇賞馬の面影はない。ライスシャワーは、単なる一発屋にすぎなかったのか。プライドを忘れ、負け続けるその姿は、痛々しくすらあった。

骨折

ライスシャワーが負け続けることで最も心を痛めていたのは、寝食をともにするほどに世話を続けていた川島厩務員であったかもしれない。

大レースを前にしていた頃には、確かに厩務員としての仕事は増える。それなりの、心地よいプレッシャーもある。そして調子を崩してしまうと、また別の悩みと仕事に厩務員は追われることになる。

ライスシャワーは頭が良く、プライドの高い馬だ。自分がレースに負けたことをわかっている。どうしても勝てないことで傷ついている。それが表情に表われている。その姿を見るのがつらかった。

早朝、ライスシャワーの待つ馬房に向かう足も、自然に重くなる。

だが、ライスが最も頼っているのは、〝家族〟である自分なのだ。

「ライス、元気か。今日も頑張ろうな」

いつもよりひと際元気のある声でライスシャワーに話し掛ける。

少しでもライスを勇気付けてやりたいと思う。ライスもそれに応える。何かをいいたそうに、表情で訴える。

だが人間と馬は、言葉で意思を通じ合うことができない。そんな当たり前のことが、これほどもどかしく思えることはない。

それでも川島はライスに話しかける。

「どうしたんだ、ライス。やる気なくなっちゃったのか。だめだよ。お前まだ若いんだから。これからじゃないか」

川島の心を、ライスはわかっているかのようだった。

悩んでいるのは川島だけではない。ライスシャワーも同じなのだ。

そのライスシャワーに復活の兆しが見え始めたのは、この年の二戦目、三月二〇日の日経賞（GⅡ・二五〇〇m・五歳以上・(混)オープン・別定）の頃からだった。

調教では美浦のウッドチップコースにもようやく馴《な》れ始め、走りっぷりも軽くなってきていた。馬体は前年の天皇賞当時にはまだほど遠いものの、腰回りは良い意味でひと回り大きくなっていた。併せ馬でも少しずつだが、並走馬に対する闘争心を表に出すようになった。

日経賞は前年（平成五年）にも経験している。その時は一番人気の一着という成績を残している。

中山競馬場の相性もけっして悪くはない。しかも距離は二五〇〇mと、比較的長い。気迫さえ戻ってくれれば、好勝負が期待できる。

出走は全九頭。一番人気は有馬記念四着、ＡＪＣ杯一着とこのところ安定した成績を残すマチカネタンホイザ（柴田善）。ライスシャワーは二番人気だった。これはかつてのライスシャワーを知る関係者にとっては、屈辱だった。

レースはまたしても一枠一番のツインターボ（中舘）が逃げた。ライスシャワーは六枠六番から、好スタートを切った。的場は二番手につけて先頭を追う。本命の四番マチカネタンホイザは、最後方から様子を見る展開となった。

序盤は二馬身前後のリードを保っていたツインターボだが、二周目に入ってペースを上げた。二番手以下を大きく引き離し始める。的場は必要以上にハイペースになることを嫌い、その前に四、五番手にまで位置を下げていた。

その的場が、意外に早く勝負を仕掛ける。まだ三コーナーの手前だ。的場はここで、ライスシャワーに合図を送った。

「行け！」

その瞬間、ライスシャワーが動いた。的場の合図に、久し振りに鋭く反応した。中段から、一気に二番手まで上がる。あの春の天皇賞以来、約一年ぶりの感触だった。そして四コーナーの途中で早くもツインターボをかわし、忘れかけていた先頭に立った。

あのライスシャワーが先頭に立った。的場にとっても、飯塚にとっても、信じ難い光景だった。

ライスシャワーは長いトンネルを抜けた。あとは逃げるだけだ。なんとか粘ってくれ。

だが、残り一〇〇mのあたりで、急激にライスシャワーの脚色に衰えが見え始めた。後方からあのマチカネタンホイザが、岡部のステージチャンプが追ってくる。最大で二馬身あった差が、見る間に詰まる。

結局、ゴール寸前でステージチャンプに鼻差かわされ、ライスシャワーは二着となった。負けはしたが、久しぶりにいいレースだった。勝てる要素は十分にあった。

これまでの凡走とは、まったく内容が違う。ライスシャワーは、的場の合図に敏感に反応した。確かに、勝とうとする闘争心があった。

それだけではなかった。的場はこの日経賞でライスシャワーの新しい可能性を発見していた。

これまで的場はライスシャワーに関する限り、好位から最後の直線で差し切るという決め手を徹底していた。しかしこの日は違った。的場は早目に仕掛け、最終コーナーで先頭に立ち、逃げ粘るという決め手を試していた。

結果的には二着に敗れはしたが、この決め手でも十分に勝算があることを、的場は身をもって体験したのだ。これからのGI戦線を前にして、これは大きな収穫だった。

ライスシャワーは、もうだいじょうぶだ。

この日経賞の好走を機に、当然のことながら関係者の士気は高まった。しかも次の目標は、前年にあのメジロマックイーンを破った春の天皇賞だ。その二連覇という大記録がかかっている。ライスシャワーは、最も得意とする淀の三二〇〇mで、最強のステイヤーとして復活する――。

ライスシャワーはこの年も早目に栗東《りっとう》に入った。連日のように激しい追い切りを行ない、体も元の張りを取り戻してきた。

闘争心は戻った。あとはそれに応えられるスタミナを付けるだけだ。

四月一〇日には、ウッドチップの一六〇〇mで一〇四秒という好タイムを記録した。調子は上昇の一途をたどっていた。

ところがレース直前の四月一六日、思いもよらない事故が起きた。

追い切りの途中ライスシャワーが急に失速。馬場に立ちつくすライスシャワーは、前脚を地につけないほどに痛がっている。

そこにいた関係者の全員が駆け寄った。

右前脚管骨骨折——。

三歳時に痛めた古傷と同じ箇所だった。

的場はその日、ライスシャワーの事故を開催中の中山競馬場で聞いた。

「ライスが、こわれちゃったよ……」

まさか。背筋に冷たいものが走った。

この瞬間に、的場とライスシャワーの春の天皇賞二連覇の夢は消えた。

それだけではない。今回の骨折は、ライスシャワーの競走馬生命すら危ぶまれるほどの重傷であった。

閉ざされた道

栗東で応急処置を施《ほどこ》し、ライスシャワーはただちに美浦へと運ばれた。

この日から川島厩務員の懸命な看病が始まった。

脚に負担をかけないように四五〇kg近い馬体を吊り、毎日何回も湿布を交換する。

食事にも気を遣う。栄養価の高いもの、カルシウム分の多いものを選び、工夫をこらす。

しかしふだんは食欲旺盛《おうせい》なライスシャワーも、この時ばかりは飼い葉食いが落ちた。

馬はそれほど痛みに強い動物ではない。特に急所ともいえる脚の痛みには敏感だ。骨折の痛みに耐えられず、あばれたために命を落とす馬もいる。人間と同じように、患部が何かに触れただけで全身に激痛が走り抜けるともいわれている。

しかしライスシャワーは、必死にこの痛みに耐えた。

苦痛をほとんど表に出さない。気迫と同じように、あらゆる感情を内に秘める術《すべ》を知っている馬である。その素直さが、川島厩務員にはかえって哀れに思えてならなかった。

もうだめかもしれない……。

川島は幾度となくそう思った。思っては、それを心の中で打ち消した。

ライスは自分の宝だ。菊花賞を取った。春の天皇賞も取った。自分の人生の夢を現実にしてくれた馬だ。

このままでは終わらない。終わってたまるかよ……。

頑張れ、ライス。負けるな、ライス――。

川島は心の中で叫び続けた。それは自分自身に対する応援歌でもあった。

飯塚はすでにあきらめかけていた。

命は助けてやれるだろう。しかし、あれだけの怪我から競走馬として立ち直ることは難しい。

ましてやライスシャワーは、もう六歳になる。怪我をしていなくたって、引退してもおかしくない歳《とし》だ。

ライスは、もう十分に走った。自分と、それを取り巻くすべての人に、大きな夢を見させてくれた。

引退させてやるか……。

まだ悔いは残るが、それも仕方がない。すべては、運命なのだ。ライスの幸せを考えれば、それが一番の方法なのかもしれない。

栗林オーナーにも相談し、飯塚はライスシャワーの種牡馬《しゆぼば》の口を探した。当時は輸入種牡馬全盛の時代である。内国産馬は、よほどの実績を残さない限り種牡馬となるのは難しかった。年間一万頭もデビューするサラブレッドの内、ほんのひと握りの馬がオープン馬となる以上に、種牡馬となる道は難関だった。

だが、ライスシャワーは、GI二勝の実績をもつ名馬だ。しかも春の天皇賞では最強馬といわれたメジロマックイーンを破っている。その気になれば、種牡馬の口はいくらでもあるだろう、最初はそう楽観視していた。

ところが世間の目は意外なほどに冷たかった。ライスシャワーを種牡馬としてほしいという話が、ひとつももち上がらなかったのだ。

理由はいくつかあった。

まず最初に、ライスシャワーが小柄すぎるということが問題にされた。あの馬格では、より大きな牝馬《ひんば》を相手にして、種牡馬としては役立たないだろうというのだ。さらに骨折という重傷を負っていることで、一層ライスシャワーの能力は疑問視されることになった。

しかし本来の理由は、ライスシャワーが〝特殊なステイヤー〟であるという点に集約されていた。二〇〇〇m以上に通用する普通のステイヤーならともかく、三〇〇〇mを超えなければ走らない馬などレースで使いものにならないというのが大方の意見だった。

近年の日本競馬界は、短・中距離レースが中心だ。長距離レースといわれるものも、ほとんどが二五〇〇m以内に納まっている。

ライスシャワーが適応する三〇〇〇m以上のGIレースは、クラッシックの菊花賞と春の天皇賞のふたつだけだ。しかも菊花賞が四歳馬に限定されたレースであることを考えると、実質的には年に一度、春の天皇賞しか狙《ねら》うところがない。

競走馬としての年齢の全盛期は約三年。その間に三回しかGIを狙えない馬など、生産して育てても誰も買い手はつかない。

しかもその三戦に勝てる保証など、どこにもないのだ。つまりライスシャワーは、種牡馬として〝金にならない馬〟なのである。

それが稀有《けう》の名ステイヤー、ライスシャワーに対する日本競馬界の評価であった。

もし当時のＪＲＡに、あといくつかの三〇〇〇ｍ以上のＧⅠ、ＧⅡレースが設定されていたとしたら、ライスシャワーの運命はまた違ったものになっていたかもしれない。

方法はひとつしかなかった。ライスシャワーを、もう一度レースに復帰させる。

リハビリにどのくらいの時間がかかるのか、復帰できるのかできないのか、それはやってみなくてはわからない。そしてもし運よくあとひとつかふたつのＧⅠでも取れれば、ライスシャワーに対する評価も変わってくるかもしれない。

ライスシャワーは、周囲の人間のためにはもう十分に走った。しかしこれからは、自分自身のために走らなくてはならなかった。

帰郷

国道を北に折れて、山へと向かっていく。

鵡別《わしべつ》の市街地を抜け、道は間もなく新緑の香る牧草地へと入っていく。

左手に、かつてライラックポイントが黒い仔馬を産み落とした古い馬舎が見える。右手には、山から雪解けの水を運ぶせせらぎが軽やかな音色をたてている。

馬運車の小さな窓からなつかしい風が流れ込むと、ライスシャワーは母に甘える仔馬《こうま》のような小さな声を出した。

馬運車が森の中の母屋の前に止まり、扉が開くと、日に焼けた男たちのやさしい笑顔がそこに待っていた。

久保、竹田、高橋、分場の瀧田、帰山――。

ライスシャワーは遠い記憶の糸をたぐるように、その顔をしばらく見つめていた。

前脚を気遣いながら馬運車を降りる。歩み寄る男たちのそれぞれの手が、ライスシャワーの頰に、首に、背に、次々と触れた。その無骨な手から、ライスシャワーの荒《すさ》みきった心を癒すかのように、穏やかな温もりが伝わってくる。

平成六年六月、ライスシャワーは三年八カ月ぶりに、生まれ故郷のユートピア牧場に戻ってきた。

牡馬は一度競走馬として故郷を後にすれば、二度と戻ることはないといわれる。通常は骨折などの故障を起こしても、厩舎か育成牧場で治療される。

だが、ライスシャワーは、骨折が因《もと》で飼い葉食いが落ちていた。それ以上に、心身ともに疲れ切っていた。しかもこれからは、サラブレッドが最も苦手とする暑い夏を迎える。

それならば、思いきって涼しい北海道で夏を過ごさせたほうが良いと判断された。GI馬、ライスシャワーならではの待遇であった。

当初は全治六カ月と診断された骨折も、その後の経過は思ったより順調だった。特に心配される合併症を併発することもなく、一カ月もたたないうちに脚を地につけて自力で歩けるようになった。

小柄な馬は故障に強い。もし故障しても、すぐに回復する。ライスシャワーは正にその典型だった。またライスシャワーが無駄にあばれる馬ではなかったことも、回復を早めた要因だったのかもしれない。

ユートピア牧場の生活は、長年戦い続けてきたライスシャワーにとって平穏そのものだった。

ここにはきびしい調教もない。連日のように取材陣が訪れることもない。朝は五時に起き、日中はのんびりと放牧地の青草を食《は》み、夜は温かい寝藁《ねわら》の中でゆっくりと眠る。他には何もすることがない。

何回か、放牧地で母のライラックポイントと顔を合わせることもあった。ライスシャワーが、それを母と気付いたかどうかは我々にはわからない。ライラックポイントは、いつも新しい仔馬といっしょだった。

当時札幌、函館を転戦していた的場が、何度かライスシャワーの顔を見に立ち寄った。日々の生活に、もしささやかな変化があるとすれば、そのくらいだった。

すべてがゆったりと流れていく。時には、時間そのものが止まってしまったかのような錯覚がある。その中でライスシャワーは、確実に気力と体力を回復していった。

最初は恐る恐る歩いていたライスシャワーも、そのうち少しずつ、脚の具合を確かめるように走る素振りを見せるようになってきた。その様子は、仔馬の時と同じだった。自分が走れるということに気付き、それがうれしくてしようがないのだ。

サラブレッドは本能で走る。ライスシャワーは、自分から走ろうとしていた。自分自身で、運命に決着をつけようとしていた——。

当初、復帰は早くても翌年の春になると思われていた。しかしこの調子なら、年内のいくつかのレースにも間に合いそうだ。もし復帰させるなら、体がまだレースを覚えている内に、少しでも早いほうがいい。

九月二七日、大東牧場に向かうための馬運車がユートピア牧場に呼ばれた。ライスシャワーはその前にしばし立ち止まり、何かの気配を探すようにひとしきり周囲を見渡した後、おとなしく車内に乗り込んだ。

それがライスシャワーの見た、故郷の風景の最後だった。

Legendary horse

第五章
復活

Rice Shower story

新たなる主役

ユートピア牧場から千葉の大東《だいとう》牧場に戻ったライスシャワーは、そこで約一カ月を過ごした。

怪我《けが》の回復はここでも順調だった。できれば次の有馬記念に使いたいという飯塚調教師の意向もあって、ユートピア牧場ですでに三週間ほど軽い並み足を受けていた。その効果もあり、大東ではキャンターでハロン一五秒程度の時計を出し始めた。

一〇月二八日、川島厩務員《きゆうむいん》の待つ美浦《みほ》の飯塚厩舎《きゆうしや》に帰厩。すでに二カ月後に迫った復帰戦を想定して、本格的な調教に入る。

しかしいくら順調とはいっても、骨折明けはやはり無理はできない。結局、馬体重四五二kgと完全に絞りきれぬままに、一二月二五日の中山競馬場、第三九回有馬記念（GI・二五〇〇m・四歳以上・オープン・馬齢）を迎えることになった。

このレースには、これからの時代を担う新たなる主役が顔を揃《そろ》えていた。その筆頭は、なんといっても当時の最強の四歳馬ナリタブライアンである。

ここまでの戦績は通算一三戦九勝。その中にはクラッシック（皐月賞、ダービー、菊花賞）三連覇を始め、重賞六勝が含まれている。

主戦騎手は南井克巳。トレードマークともいえる白のシャドーロールを付け、あらゆる距離のレースにことごとくレコードに近い時計で圧勝を繰り返す。その姿はまさに、〝怪物〟以外の何者でもなかった。

周囲から見ても、その強さと可能性には計り知れないものがあった。あの的場騎手をして、ナリタブライアンを次のようにいわしめている。

「あの馬は桁《けた》が違う。ミホノブルボンやメジロマックイーンなんてものじゃない。（歴史上の）日本最強馬なんじゃないか」

本調子の頃《ころ》ならともかくとして、病みあがりのライスシャワーには、とても手に負えるような相手ではなかった。

もう一頭、同じ四歳馬に、最強牝馬《ひんば》ともいわれるヒシアマゾンがいた。

ヒシアマゾンは外国産馬であるがゆえに、クラッシックには出走できなかった。しかしここまでの戦績は通算一一戦八勝、二着三回。まだ一度も連対を外したことがないという牝馬らしからぬ勝負強さをもっていた。

しかも阪神三歳牝馬ステークス、エリザベス女王杯のＧⅠ二勝を含み、重賞七勝。まだ四歳でありながら、日本の牝馬の記録をことごとく書き換えるこれも怪物であった。

出走は全一三頭。古馬のめぼしいところでは、ツインターボ、サクラチトセオー、アイルトンシンボリ等が顔を揃えている。マチカネタンホイザは体調を崩し、直前で出走を回避していた。

その中でやはりナリタブライアンが圧倒的な一番人気。骨折による長期休養明けとなったライスシャワーは、それでも四番人気と注目された。ヒシアマゾンは牝馬ということもあり六番人気に抑えられたが、専門家の評価はそれ以上に高く、伏兵となりうる可能性を秘めていた。

ライスシャワーの関係者にしてみれば、その四番人気はむしろ意外だった。正直なところ勝ち負けを云々《うんぬん》する状態ではない、というのが本音だった。仕上がりは完全ではない。スピードだけでなく、二五〇〇mを走り切るスタミナがあるのかどうかさえ不安があった。

もし期待できる要素があるとすれば、精神的なものだけだ。メジロマックイーンとの死闘から、すでに一年八カ月。少なくともその後遺症からは完全に立ち直っていた。どのようなレースをしてくれるのか。大切なのは勝ち負けではなく、むしろそのレース内容なのだ。

レースはすでに恒例ともなった四枠五番ツインターボ（田中勝）の大逃げで始まった。後続との差はなんと二番手集団まで約三〇馬身以上。これを五枠七番のネーハイシーザー（塩村）、四枠六番のアイルトンシンボリ（岡部）が追う。

七枠一一番のナリタブライアンは好スタートを切ったが、南井は中盤これを四、五番手に抑える。的場はそのナリタブライアンに狙《ねら》いを定めるように、後方一馬身差を保ってライスシャワー（六枠一〇番）に追走させた。さらにその後方には、五枠八番のあのヒシアマゾン（中舘）が付いていた。

前半の無理なペースがたたり、四コーナーの途中で早くもツインターボが失速した。

これを待っていたかのように南井が動き、ナリタブライアンがあっさりと先頭を奪う。さらに大外からはヒシアマゾンがライスシャワーをかわし、先頭のナリタブライアンに競《せ》り掛けた。

的場も「行け」と合図を送った。

体が重いこともあり、さすがにライスシャワーの応答性は鋭いものではなかった。しかし、先頭を追った。ナリタブライアンに競り掛けようとする明らかな意志を見せた。直線に入り、全馬一斉に叩《たた》き合いとなった。やはり抜け出したのは、実力に勝るナリタブライアンだった。二番手集団との差が、一馬身、二馬身と開いていく。

これを追ったのがヒシアマゾンだ。優勝争いは完全にこの二頭に絞られた。

その時だった。もう一頭、小柄な黒鹿毛《くろかげ》の馬が、内から馬群を抜け出してきた。ライスシャワーだった。先頭にはもはや届かないことは誰《だれ》の目にも明らかだ。だが、ライスシャワーは、それでも最後まであきらめようとはしなかった。

結果はナリタブライアン、ヒシアマゾンに続く三着だった。だが、絞り切れていない体と、距離の壁を克服しての三着である。

やはりライスシャワーは、精神力で走るタイプの馬なのだ。気迫さえあれば、体の不利も乗り越えることができる。そして馬体に関する欠点は、これからの調教でいくらでも解決することができる。

かつての天皇賞馬が、有馬記念で三着に入ったことは、競馬界全体としては取るに足らないささやかな出来事である。しかしライスシャワーにとってみれば、これは以後の自分の運命に対する一条の光明に他ならなかった。

ライスシャワーは、今度こそ、復活への第一歩をしるしたのだ。

雨中の重圧

平成七年一月一日――。

川島文夫は家族と新年を祝う間もなく、この日も早朝に家を出てライスの待つ厩舎へと向かった。

「ライス、お早よう。だいじょうぶかあ」

いつものように声を掛け、ライスの脚の具合を見てから飼い葉の準備にとりかかる。

外はまだまだ暗い。冷たい風に、飼い葉桶《はおけ》をもつ手が凍える。

ライスが白い息を吐きながら、飼い葉を食み始める。その姿に見とれながら、しばし手を休める。

ライスも歳《とし》をとったな……。

ふと感慨にも似たものが頭をかすめる。

正月、である。年が明けて、ライスシャワーは七歳になった。

七歳馬といえば、競走馬としてはすでにロートルである。地方競馬なら一〇歳までやる馬はざらにいるが、中央の一流にはまずそんな馬はいない。

これから後、ライスはどこまでやれるのだろうか……。

小柄な馬は長く走れるともいわれる。しかし、それでもあと一年か、二年か。いずれにせよライスとともに過ごせる時間も、もうそれほど長くは残っていない。

飯塚や的場にしても、その思いは同じだった。

骨折という不運はあったものの、ライスシャワーは六歳という好機についに一勝もできなかった。ましてやこの先GIを取れるチャンスとなると、もう何戦も残っていない。それでもなんとかして、あとひとつは勝たせてやりたかった。

少しでもチャンスがあるとすれば、次の春の天皇賞か。それがライスシャワーの勝てる最後のGIとなるかもしれない。

だが、あのナリタブライアンがいる。二年前の全盛期であったとしても、ライスシャワーがあの怪物に勝てたかどうかは疑問だ。ナリタブライアンはそれほどの馬である。それでもあきらめるわけにはいかない。少なくとも悔いは残さないように、馬体だけは十分に仕上げてやらなくてはならない。

春は前年と同じように、二月一二日の京都記念（GⅡ・二二〇〇m・五歳以上・㊈オープン・別定）から動きだした。

出走は全八頭で、ライスシャワーは大外の八枠。メンバーを見ても二枠のワコーチカコ（ペリエ）、七枠のチョウカイキャロル（小島貞）といった牝馬勢が中心で、これといった大物は出走していない。

この中でライスシャワーは当然のごとく一番人気に推された。勝ってもおかしくないレースだった。

だが、このレースに勝ったのは、この年に金杯を制した上がり馬、牝馬のワコーチカコだった。ライスシャワーは、思いがけず六着と惨敗した。

理由は明らかだった。出走八頭中の最大斤量ともなる六〇kgというハンデである。

いくらGI馬とはいえ、ライスシャワーは四五〇kgにも満たない小兵だ。しかも脚を骨折し、前年には九カ月も休養を取っている。そのライスシャワーに六〇kgは、あまりにも酷な斤量だった。

飯塚調教師はいう。

「ライスは小さな馬だから、たった一kgの斤量差が大きく響く。限界は五八kgまでかな。それ以上になると急に行きっぷりが悪くなる。六〇kgではは っきりいって競馬にならない……」

事実ライスシャワーは、生涯の全二五戦を通して、五九kg以上の斤量を課せられたレースには一度も勝っていない。

せっかく復活の兆しを見せ始めたライスシャワーにとって、この斤量という問題が新たな壁となった。

大レースに勝てば、強い馬であることが認められる。強い馬であることが認められれば、大きな斤量が課せられる。そして結果的に、強い馬が勝てなくなる——。

確かに競馬をひとつのギャンブルとしてとらえれば、ハンデがあったほうが面白いことは確かだろう。しかし走るのは〝馬〟という動物なのだ。特にライスシャワーのような小柄な馬にとっては、時に斤量は勝ち負け以上に深刻な問題ともなりうる。

続く三月一九日、中山の日経賞（GⅡ・二五〇〇m・五歳以上・㊙オープン・別定）にもライスシャワーは出走した。その斤量は前回よりも一kg軽くなったものの、またしても五九kgというトップハンデであった。

しかも運の悪いことに、当日の中山は前日からの豪雨により不良馬場と最悪のコンディションが重なった。

馬場が重になると、斤量は良馬場に比べてプラス三kgに相当するという。つまり、ライスシャワーの斤量は六二kg以上。これでは勝負はやる前から明らかだった。

勝ったのは四九〇kgの馬体重に五六kgの斤量とハンデに恵まれたインターライナー（横山典）。ライスシャワーは一番人気に推されはしたものの、終始生彩を欠き、またしても六着と大敗した。

闘争心とか、騎乗方法とか、そのようなレベルで解決できる問題ではなかった。

ライスシャワーは、大切な天皇賞を前に、いきおいをつけておくことができなかった。

ナリタブライアンの欠場

関係者の誰もが口にするように、ライスシャワーは確かに、〝摑《つか》み所のない〟一面をもっていた。

それはこの馬の成績にも表われている。

強い馬はある程度は人気どおりの結果を残すものだが、ライスシャワーにはその確実性が欠けている。現役時に一番人気に推されたのは全二五戦中計五回。このうち人気に応《こた》えて一着となったのは、平成五年三月、五歳時の日経賞ただ一回だけである。他は三、六、六、六着と、ほとんどのレースで凡走している。

逆に勝率が高いのは、二番人気となったレースだった。三歳時の新馬戦、芙蓉ステークス、四歳時の菊花賞、五歳春の天皇賞など、これらはすべて二番人気で勝っている。そうかと思うとダービーの一六番人気での二着のように、いわゆる大穴を開けることもある。また生涯戦績二五戦六勝という数字が示すように、実力馬ではありながら勝率はそれほど高くないこともライスシャワーの特徴である。

だが、ライスシャワーが、よくありがちな〝一発屋〟であったかというと、そうもいい切れない。

一発屋と呼ばれる馬はほとんどが精神的な弱さをもち、それが不確実性の原因となっているが、ライスシャワーの場合はむしろ逆だ。メジロマックイーンとの死闘の後の数戦は別として、ほとんどのレースを精神的な強さで勝ち取ってきた。また一発屋に一定のパターンが存在していないのに対し、ライスシャワーには明らかにそれがある。

例えば、「なぜ二番人気で強いのか」という点について考えてみよう。実はこれも単なる偶然ではない。ライスシャワーの〝競り合って強い〟性格と、それを生かした的場の〝騎乗方法〟のもたらした必然性なのである。

他に圧倒的に強い馬が一頭存在することも一因である。ミホノブルボン、メジロマックイーン、これは何でもいい。当然競い合って強い馬、ライスシャワーは、その馬に並々ならぬ闘争心を発揮する。

そうなれば的場はレース展開が読みやすくなる。前半はその馬、ただ一頭をマークし、最終コーナーから直線にかけての勝負に持ち込めばいい。

あとは計算どおりに、ライスシャワーが競り勝ってくれる。一発屋どころか、これほど計算どおりに勝てる馬も他にはいない。つまり的場にしてもライスシャワーにしても、自分たちよりも強い馬がいたほうがむしろやりやすい、ということになる。

もちろんこうした特徴が、時には裏目に出ることもある。平成四年の有馬記念が好例だった。

この時的場は、当然のことながら最強馬と目されたトウカイテイオーをマークした。しかし後方に控えた鞍上の田原が、いつまで待っても動かなかった。トウカイテイオーが故障していたのである。

結果的に的場は動く機を失い、八着と敗れてしまった。いくら的場とライスシャワーのコンビをしても、まさか事故までは計算に入れて戦うことは不可能である。

一番人気で勝てないことも、もちろん偶然ではない。

マークするべき馬がいないという作戦上の不利も理由のひとつだが、それよりもライスシャワーが〝一番強い馬〟であることに問題がある。結果として、大きな斤量が課せられることは前に述べたとおりだ。もしライスシャワーがせめて四八〇kgクラスの馬であれば、まだいくつかは一番人気に応えられていたかもしれない。また一番人気となったレースが、すべて二五〇〇m以下であったことも、もちろん敗因のひとつである。

このようなデータを振り返ってみると、ライスシャワーはその勝率以上に〝安定した馬〟であったことがわかってくる。馬格が小さいゆえの不利。特殊な距離適性をもつがゆえの不利——。

その範囲内でライスシャワーは、完全に自分の能力を出し切っていた。勝つべくして勝ち、負けるべくして負けていたのである。

京都記念と日経賞には惨敗したものの、飯塚調教師はそのことについてまったく不安には思っていなかった。負けた理由がライスシャワーの能力ではなく、まったく別のところにあることが明らかだったからだ。

天皇賞を前にした調教に関しては可もなく不可もなく、といったところだった。

暮れの有馬記念の頃には四五二kgもあった馬体重も、日経賞までには四四六kgにまで減り、その後の調教でもさらに絞れている。最終的に四四〇kg前後にまで仕上げることができれば、二年前の天皇賞ほどではないにしろそこそこは走ってくれるだろう。

ただし調教で強目に追っても、時計は平凡だった。体がまだ重いせいか、動きもそれほど良くは見えない。これは的確な表現かどうかわからないが、ライスシャワーが自分の体の状態を理解した上で、「好きなペースで自主的に調教をやっている」といった感もあった。

ライスシャワーもすでにベテランである。しかも頭の良い馬だ。

自分でどの程度のコンディションを作っておけばレースに勝てるのか。本能のどこかでそれを知っていたとしても不思議はない。

もしライスシャワーの三度目のＧⅠ制覇を阻《はば》むものがあるとすれば、その最大の要因はやはりナリタブライアンの存在だろう。その思いは、飯塚だけでなく的場にしても同じだった。

「はっきりいって、あの馬が出てきたら話にならない……」

ナリタブライアンは、それほどに強い馬だった。

ところが天皇賞を目前に控えた四月の半ば、ナリタブライアンが故障したらしい、という思いもよらない噂《うわさ》が的場の耳に流れ込んできた。そしてその噂が、数日後には現実のものとなる。「ナリタブライアン天皇賞を回避」の報が、各スポーツ紙に載ったのである。

ライスシャワーには、まだ運が残っていた。ナリタブライアンさえ消えれば、あとはそれほど突出した馬はいない。ライスシャワーを含めて、上位五頭ほどの実力はどの馬が勝ってもおかしくないほど伯仲している。

勝機はある。

しかしそこでもうひとつ、別の問題が生じた。当日のレース運びである。的場は早くから、ナリタブライアンをマークしようと心に決めていた。ところがそのマークすべき相手がいなくなった。だからといって、他にはそれに匹敵するような実力馬は一頭も見当たらない。

その時的場の脳裏に、ひとつのイメージが浮かび上がった。ちょうど一年前の日経賞。三コーナーで早目に仕掛け、結果的にステージチャンプに鼻差差されはしたものの、二着に逃げ残ったあのレースである。

それは確固たる信念と呼べるほどの強いイメージではなかった。

まだこの時点では心の底に浮かんでは消えるほどの、漠然としたイメージにすぎなかった。

残像

あれからまだ二年しかたっていない。

ライスシャワーが、メジロマックイーンを押さえ、レコードでゴールを駆け抜けた平成五年の春の天皇賞――。

だが、競馬界の移り変わりは早い。あの時栄光のターフを歓喜させた全一五頭の内、この年も淀に戻ってきたのはライスシャワーただ一頭だけだった。

平成七年四月二三日、第一一一回天皇賞（GI・三二〇〇m・五歳以上・オープン・定量）——。

奇《く》しくもライスシャワーの枠順は、二年前と同じ二枠三番だった。

騎手はレース中の識別を容易にするために、枠順によって決められた色のキャップを被《かぶ》る。二枠は、黒である。

二年前はその色ゆえに、ライスシャワーの刺客《しかく》という印象を一層強くすることになった。そして今年もまた的場は、あの時と同じ黒のキャップを被ってライスシャワーの背にまたがった。

そのライスシャワーも、この二年間で大きく変わっていた。

いまはもう、あの若かりし頃の猛々《たけだけ》しさは残っていない。殺気にも似た気迫も、表に出していない。ただひたすらに闘争心を内に秘め、きたるべき時を静かに待ち続けている。

懐かしい春の淀のコーナーを見て、これから自分が三〇〇〇m以上の長い距離を走ることをわかっているのか。それともかつてこの淀の舞台に戦った、屈強のライバルたちの残像を噛《か》みしめているのか——。

パドックを歩く動きにも、まったく無駄がない。これからの長丁場のレースに向けて、少しでも体力を温存するための心配りのように見えた。

ライスシャワーには、おそらくわかっていた。自分がもう戦う牡《おす》として、最盛期を過ぎていることを。すでに体力では、若い牡にかなわないことを。

しかしライスシャワーには、他の馬にはない豊富な経験がある。並々ならぬ強い精神力がある。それを使いこなす知能がある。

どうすれば自分が勝てるのか。ライスシャワーはその方法を知り尽くしていた。

天皇賞は、選ばれた最高の馬による最高峰のレースである。これに出走するすべての馬は、あらゆる面で公平に扱われる。斤量は牡五八kg、牝《めす》五六kgに統一された定量戦である。そこに勝敗を意図的に操作しようとするハンデは、一切存在しない。

五八kgは、小柄なライスシャワーにとっては確かに大きな斤量だった。それでも、少なくとも体力の限界を超える重さではない。

斤量の重圧に屈した京都記念の六〇kgとの差は、わずかに二kg。日経賞の五九kgとの差は、それよりさらに小さな一kg。しかしこの人間の食事一回分ほどの差の中に、ライスシャワーが〝走れるかどうか〟の限界点が存在する。こうした小さな要素の積み重ねが、結果的に勝負の行方を大きく左右することになる。

返し馬に入っても、ライスシャワーは無駄に走ろうとはしなかった。そのキャンターにも似た軽い走りは、単に体をほぐすための必要最小限度の動きにとどめられた。

的場はその風になびく黒いたてがみに、そっと右手を差しのべた。

ライスは、すべてをわかっている。

相棒――。

そう、相棒だ。

最初は単に騎手と一競走馬の関係にすぎなかった。しかしいつしかその間に、特別な感情が芽生えるようになった。

愛情に似たものを感じたこともある。その気迫に、恐れたこともある。ある時には、人が馬を尊敬さえもした。そしていつしかライスシャワーは、的場の人生にとってかけがえのない相棒となっていた。

的場はプロフェッショナルな騎手だ。常に馬の能力を最大限に引き出すことに挑む。その的場なくして、ライスシャワーという馬は存在しない。

しかし逆に、ライスシャワーなくして的場も存在しない。

ライスシャワーもまた、的場と同等以上にプロフェッショナルな競走馬なのだ。相棒として、これほど頼りになる存在は他にはない。〝二人で一人〟なのだ。

運命の時は刻一刻と近付いてくる。勝てるかどうかはわからない。しかしやるべきことは、すべてやり尽くしたとの思いがある。

やってみよう。二人の可能性を試してみようじゃないか。

おれたちはもう、挑む立場ではない。逆に挑まれる立場なんだ。

ゲートに向かう二人の胸に、淀の風はこころなしか温かく感じられた。

第一一一回天皇賞

奇数の若い番号順に、出走馬がゲートにおさまっていく。

まず一枠一番のエアダブリン（岡部）が入り、二枠三番のライスシャワーの順番はその次になる。

そこから全一八頭がゲート入りを完了するまで、かなりの時間が空く。その時間が、馬の精神状態に微妙な影響を与える。

入れ込むくせのある馬は無駄にあばれて気力と体力を消耗する。気迫の薄い馬は逆に待つ間になえてしまい、スタートを失敗する場合もある。その意味では、偶数の大きい番号を引き当てた馬ほど有利、という論法も成り立つかもしれない。

だが、ライスシャワーに限っては、まったくその心配はいらなかった。いつものようにおとなしくゲートに入り、静かにスタートを待つ。そしてその時間をむしろ有効に使い、内に秘めた気迫を最高潮に高めながら、呼吸を整えていく。

胸の動きが次第に大きくなっていく。そしてゲート入り完了の気配を察すると同時に、その動きが止まる。

ゲートが開いた。

完璧《かんぺき》なスタートだった。

まず一枠二番のアグネスパレード（河内）が鼻を切り、ライスシャワーはその二番手についた。

だが、これを外から五枠一〇番のメイショウレグナム（小島太）、六枠一一番のキソジゴールド（安田康）、七枠一三番のインターライナー（横山典）らが次々とかわしていく。

その中で序盤の先行争いを制したのは、八枠一六番から飛び出したクリスタルケイ（幸）

であった。

もちろん的場とライスシャワーは無理をしない。行きたい馬には勝手に先に行かせ、一周目の三コーナーまでに八から九番手にまで下げた。

内には岡部のエアダブリンがいる。さらにその後方からは七枠一五番ステージチャンプ（蛯名正）、八枠一七番ハギノリアルキング（武）、四枠七番ヤシマソブリン（坂井）が並ぶように追走する。

〝主役不在〟の天皇賞といわれるだけあって、当日の評価は大きく割れていた。その中でエアダブリン、インターライナー、ハギノリアルキングといった辺りが一応の人気を集めていた。

ライスシャワーは四番人気。しかしその人気がすなわち実力という安易な判断は無意味だ。マークするべき馬がいないという状況は、的場も他の騎手も同じだった。前半はクリスタルケイがその差を五、六馬身と広げて逃げる中、各騎手が互いの顔色をうかがう展開となった。

最初の四コーナーを抜けたところで、岡部のエアダブリンが積極的に四、五番手にまで上がった。

この日の馬場状態は、前日からの雨がたたり重と荒れている。あまり後方に下げていると、最後の直線で差し切れないとの判断であろう。的場もこれに続き、六番手あたりにまで位置を回復してきた。

他の騎手にしてみれば、これでマークすべき相手が決まったことになる。

先頭のクリスタルケイ、二番手のキソジゴールドはいずれその力からしても脚は衰えよう。レースの展開はこの時点で三番手の人気馬インターライナー、それに続くエアダブリン、そしてこの距離に圧倒的な実績をもつライスシャワーが中心になる。後方から追走する蛯名、武、坂井らは、この時点で明らかに先行する三頭をマークし始めていた。最後方は三枠五番のヤマニンドリーマー（松永幹）。先頭からここまで、一五、六馬身という接近戦である。

しかもかなりのスローペースだ。展開から見れば最後の直線の差し比べとなる様相である。だが、馬場はその差し脚を生かしきれない重である。

その判断をどこでつけるのか。仕掛けどころの難しいレースとなった。

最初のスタンド前を通り過ぎ、馬群はさらに固まって一コーナーへと入った。ここでまず岡部のエアダブリンが動き、二番手に競りかける。それ以外の順位も、各馬のひと脚ごとに目まぐるしく変動する。

早く動きすぎれば負ける。しかし後れを取れば機を失う。すべての騎手にとって予断をゆるさない時が流れていく。

エアダブリンが二番手に上がった。まだレースは向こう正面の中央付近、三コーナーのはるか手前である。さらにこれを、もう一度キソジゴールドが抜き返す。

その時だった。的場とライスシャワーの中で何かがひらめいた。

勝負を懸けるのは、今しかない――。

ライスシャワーが行くそぶりを見せるのと、的場が「行け」と命ずるのがほぼ同時だった。〝二人〟が、ここで動いた。

小柄な黒鹿毛《くろかげ》が、ひときわ首を低く下げるように、大きなストライドで上がっていく。四番手――。エアダブリンをかわし、三番手――。キソジゴールドを抜き去り、二番手――。

だが、まだ止まらない。そのままあっさりと、三コーナーの入口で先頭に立った……。

川島厩務員は、これを厩務員室を出たところのスタンドの片隅から見守っていた。ライスシャワーと、最も長い時間を共有した男である。その一挙手一投足で、ライスシャワーが何を考えているのかまで理解できる。

ライスが自分で行った……。

川島には確かにそう見えた。

飯塚もスタンドからこれを見ていた。

これまでのライスシャワーは、好位で最終コーナーを回り、直線で差すという競馬をしてきた。それ以外の決め手では、三歳時以外にはただの一度も勝っていない。それが掛かったように、三コーナーで早々と先頭に立たされてしまった。

まさか……。

的場はいったい、何を考えているんだ。

飯塚はその信じ難い光景を、ただ茫然《ぼうぜん》と眺めていた。


的場にもそれはわかっていた。

しかし、先頭に〝立たされた〟わけではない。的場とライスシャワー。自分たちの意志で、先頭に〝立った〟のだ——。

危険は承知の上だ。一世一代の賭《か》けだった。

負ければ周囲から何をいわれるかわからない。明らかな騎乗ミスと批判されることになろう。

三コーナーの入口で三二〇〇mのレースの鼻に立つなど、常識では考えられない作戦だ。だが的場は、自分とライスシャワーの勘を信じた。

的場の頭には、確かに一年前の日経賞のイメージがあった。

この日と同じように三コーナーで先頭に立ち、ゴール手前でステージチャンプに差し切られたあのレースである。

あの時ステージチャンプは、「すごい脚」を使った。しかし今日の淀は重馬場だ。あの鬼脚をもってしても、届かない……。

的場とライスシャワーに誘発されるように、まずインターライナーの横山典が動いた。

一気に数頭を抜き去り、二番手に追いすがる。

一拍遅れて、すべての騎手が勝負を懸けてきた。

標的はただ一頭。ライスシャワーだ。

だがライスシャワーは、敢然と先頭を走る。三コーナーからの急な坂を、水を得た魚のように駆け下る。

来るなら来てみろ。

絶対に抜かせはしない。

歓声がひときわ大きくなった。その中をライスシャワーは、二番手以下を引き連れるように、ついに先頭で最終コーナーを回ってきた。

残りはあと四〇〇m。その差が二馬身、三馬身と大きくなっていく。

フジテレビ系の全国放送では、いつもの杉本アナウンサーが声を張り上げていた。かつてはミホノブルボンの三冠を願い、メジロマックイーンを「今年だけもう一度」と応援してはばからなかったあの杉本である。

――さあ、ライスシャワー先頭だ。いやあやっぱりこの馬は強いのか。ライスシャワー先頭だ。ライスシャワー先頭。ライスシャワー先頭。（中略）完全にライスシャワーが先頭だ……（後略）。

その声は、明らかに過去のものとは異質であった。

想定外の熱いものに接した時の、驚嘆にも似た感情の響きさえ含んでいた。ミホノブルボン、メジロマックイーンを倒し、その後一時は再起不能ともいわれたあのライスシャワーが、いま、淀の天皇賞の直線を先頭で走っているのだ。

あと四〇〇m……あと三〇〇m……あと二〇〇m……。

的場の二〇年以上の騎手生活の中で、この時ほど最後の直線を長いと感じたことはなかった。

インターライナーが追ってくる。エアダブリンも追っている。後方からは、やはりハギノリアルキングだ。

そしてさらに大外から、群を抜く末脚で、ついにステージチャンプがきた。

あと一〇〇m……。

しかしここで、急激にライスシャワーの脚色が悪くなった。二番手集団との差が、見る間に縮まってくる。

的場の左腕が回る。ムチが入る。

ゴールはもう目の前だ。なんとか粘り切ってくれ——。

ステージチャンプの鞍上《あんじよう》蛯名正義は、これを見逃さなかった。ムチを入れる手に力がこもる。

ハギノリアルキングはかわした。あとは先頭のライスシャワーだけだ。

ライスシャワーは競り合いに強い馬だ。並びかけたら容易には抜かせない。

だが、蛯名は、コースの大外を走っている。ライスシャワーとはかなり横の距離がある。

このステージチャンプの脚色なら、かわせる……。

あと数m……。

的場の視界の隅に、ステージチャンプが入ってきた。最後のムチが入る。

歓声が炸裂《さくれつ》する。

二頭がほぼ同時に、ゴールを走り抜けた。

勝ったのか。負けたのか。

的場は思わず蛯名を見た。蛯名は自信有りげに、ガッツポーズを繰り返した。

まさか……。

しかし杉本アナウンサーは、高い放送席からその瞬間を見逃さなかった。二頭がゴールを走り抜けるのと同時に、勝ったライスシャワーの名を高らかに叫んでいた。

そしてさらに続けた。

――いやあやったやった。ライスシャワーです。おそらく、おそらく、メジロマックイーンもミホノブルボンも喜んでいることでしょう。ライスシャワー。今日はやったあ――

(後略)。

もちろん的場の耳に、その声は届かない。

的場はオーロラビジョンを見上げた。

そこに映し出された映像は、自分と、ボロ布のように疲れはてた相棒ライスシャワーの姿だった。勝っていたのだ。

歓声も耳に入らなかった。いまはまず最初に、自分の感謝の気持ちをライスシャワーに伝えてやりたかった。

本当によくやってくれた。心から、ありがとうと礼をいいたい……。

ライスシャワーは体力も精神力も、自分のもてるものをすべて使いはたしていた。

的場はその首に、いつものようにそっと手をさしのべた。

ステイヤーたる者

ライスシャワーは鮮やかに復活した。

勝ったのはやはり日本最長のGI、三二〇〇mの春の天皇賞であった。

時計は三分一九秒九――。

二年前に自らが出した三分一七秒一というレコードタイムには、はるかに及ばない平凡な記録だった。しかし死力を尽くしてターフを駆け抜けたその姿は、二年前と同じように、いやそれ以上に、見る者すべてに深い感動を与えてやまなかった。

そうだ。我々は確かに感動した。

たかが競馬である。たかが馬が走るだけの娯楽である。しかし一頭の小柄な黒鹿毛の馬は、自分の能力を極限まで引き出すことによって、我々人間が忘れ去ろうとしていた戦うことへの意義を確かに思い出させてくれた。

レース後の表彰式のインタビューで、栗林育子オーナー夫人は次のように答えている。

「いつかは復活してくれると思っていました。これまでにGIをふたつ勝っていますが、今まででいちばん感動しました。ほんとうに言葉ではいい尽くせないほどうれしい。感無量です……」

菊花賞ではミホノブルボンに勝った。二年前の天皇賞ではメジロマックイーンに勝った。だが、今回の天皇賞は、これらの過去のレースとはまったくもつ意味が違う。ライスシャワーは、自分自身に勝ったのだ。

この天皇賞の勝利は、ライスシャワーという馬に対する認識をさらに強く印象付けることになった。

ライスシャワーは、やはり生粋のステイヤーだった。しかも三〇〇〇mを超すレースだけに際立った能力を発揮する、特異なマラソンランナーであった。

すでに専門家ならずとも、わかりきっていたはずの既成事実である。ライスシャワーはそれを、二度目の春の天皇賞に勝つという手段で、その実力をもって証明したのだ。

評論家の大川慶次郎は、そのライスシャワーを指して、「ヘビーステイヤー（三〇〇〇m超級専用馬）」という名言を用いた。

ここでひとつ、素朴な疑問が生じる。ライスシャワーはなぜ、それほどまでにステイヤーであったのか――。

その理由の一端はもちろん前にも述べたように、血統という先天的な要因に求められる。父リアルシャダイのロイヤルチャージャー系は、日本を代表する長距離血統だ。興味深いことにこの春の天皇賞で鼻差二着となったステージチャンプ、三着のハギノリアルキングもまた、ライスシャワーと同じリアルシャダイ産駒だった。さらにダイイチジョイフル、アルゼンチンタンゴと、出走全一八頭中五頭までもが同じリアルシャダイ産駒で占められていた。

もちろんこれは偶然ではない。

リアルシャダイの仔がステイヤーであるがゆえに、数少ない長距離レースである春の天皇賞に集中する。そして確実に上位に名を連ねる。春の天皇賞は日本一のステイヤーを決するレースである以前に、リアルシャダイの後継者を争う（父方の）兄弟同士の私闘であったことになる。

だが、サラブレッドの血統がすなわち、ステイヤーとしてのすべてを決定するわけではない。その肉体的な特徴が効率よく受け継がれ、さらに鍛え上げられて初めて能力を発揮することになる。

ライスシャワーが四〇〇kg台前半というサラブレッドとしては小柄な馬であったことも、ステイヤーとしては有利な条件となった。これは人間の陸上競技の選手を例にとって考えてみるとわかりやすい。一〇〇mを走る短距離ランナーよりも、四二・一九五kmを走るマラソンランナーのほうが、平均して小柄（身長に対して軽量）である。

小柄であるか大柄であるかの差は、その人間（馬）の骨格の大きさと、そこに付く筋肉の質の違いによって決定される。太い骨格には太い筋肉が付き、細い骨格には細い筋肉が付く。太い筋肉は瞬発力を発揮し、細い筋肉は持久力に優れる。

この筋肉の質による能力の差は、筋肉の全体量に対する心臓の容量の関係でもある。人間にしろ馬にしろ、同じ種の動物のあらゆる内臓器官は、その体重ほどには大きさに差のないことが知られている。つまり、小さな馬も大きな馬も、心臓の大きさはほとんど変わらないのだ。

大きな筋肉を動かすには、それだけ多量の血液を流すことが必要になる。小さな筋肉なら、少ない血液ですむ。

同じ心臓でまったく違う量の血液を循環させれば、そこにかかる負担にもかなりの差が生じる。それが持久力の差となって表われる。これが小柄であることが長距離に強い最大の理由でもある。

さらにライスシャワーの場合には、小柄であることに加え、心臓が他の馬よりも大きいという肉体的な特徴ももっていた。

飯塚調教師がまず注目したのもそこだった。三歳時に初めて美浦に入厩した折、「ライスの心臓の音があまりに大きいんで驚いた……」思い出がある。

だが、こうした肉体的な資質をもっていても、必ずしもステイヤーとして大成できるわけではない。大切なのはやはり資質を開花させるための調教であり、そしてすべてを支える精神力である。

あらゆる運動は一定のリズムで呼吸をしながら行なう〝有酸素運動〟と、その最中にほとんど呼吸をしない〝無酸素運動〟とに大別される。人間にたとえるなら、マラソンなどの長距離走は有酸素運動にあたり、一〇〇mから四〇〇mの短距離走が無酸素運動ということになるだろう。この中で最も肉体的につらいのが、無酸素運動の限界にあたる四〇〇m走であるといわれている。

競馬における三〇〇〇m級のレースは、もちろん人間のマラソンほどには長距離にあたらない。むしろ馬の一〇〇〇m級のレースを人間の一〇〇m走にたとえるなら、三〇〇〇mは四〇〇m走あたりに位置するのではないか。事実、馬は三〇〇〇mの距離を走り抜くのに、きわめて少ない呼吸しか行なわないことが知られている。

つまりライスシャワーの得意とする三〇〇〇m級のレースは、馬にとっても肉体的に最もつらい〝無酸素運動の限界〟であったと推察できる。

ここまで知れば、同時にライスシャワーという馬の本質も理解することができる。やはりライスシャワーは、肉体によって走る馬ではなかった。最終的には、精神力で戦う馬だったのだ。

平成七年春の天皇賞に勝った後のライスシャワーの姿が、そのすべてを物語っている。その疲れ方は、尋常なものではなかった。表彰式では、立っていることさえつらそうなほど消耗し切っていた。

はたして馬という動物が、自らの意志をもって、肉体の限界をこれほどまでに追求することができるものなのであろうか。

ライスシャワーは、あの時点で、すでに燃え尽きていたのではなかろうか――。

朗報

この年、一月一七日の阪神大震災の影響で、宝塚記念（GI・二二〇〇m・四歳以上・㊋オープン・定量）は京都競馬場に舞台を移して行なわれることがすでに決まっていた。

運命とは皮肉なものだ。これまで三回もGIを制していながら、ライスシャワーは一度たりとも〝主役〟と呼ばれたことはなかった。

しかし四月二三日の春の天皇賞の復活劇は、ファンの胸中に必要以上に鮮やかな印象を残してしまったようだ。このレースの出走馬を選出する一般の人気投票で、ライスシャワーは第一位の票数を獲得してしまったのである。

これはある意味で朗報であった。これまではその実力に人気が伴わなかったライスシャワーが、一般のファンに初めて〝主役〟と認知されたことになる。

一方で、関係者の心境はむしろ複雑であった。

ライスシャワーには、まだ天皇賞の後遺症ともいえる疲れが残っていた。本来ならば使える状態ではない。

二年前にも宝塚記念の出走権を手に入れていたが、その時は同じ疲れを理由に回避している。今回もできれば大東に放牧に出し、宝塚記念の時期には休養に入る予定だった。

ところが今年はファン投票で第一位に推された。

ファンあっての競馬である。まさかそこで主役に選ばれたライスシャワーが、明らかな故障があるならともかく、たかが休養を理由に出走を回避するわけにはいかなくなった。もし無理を押し通せば、それこそ大問題にもなりかねない。しかも今回の宝塚記念は、「震災復興支援」と銘打つ特別なレースだった。レースの出走を決断する立場にある飯塚調教師としても、頭の痛いところであった。

宝塚記念は二二〇〇mである。ライスシャワーには明らかに距離が短すぎる。元来ならば走らせても勝つ見込みのないレースだ。

反面、今回に限っては、多少の思惑があることも事実であった。

まず宝塚記念は定量戦である。ライスシャワーは五六kgという軽い斤量で戦える。これはここ数戦重い斤量に泣かされ続けてきたライスシャワーには魅力だ。

しかもコースはライスシャワーの最も得意とする京都の淀である。勝てるかどうかは別として、そこそこはいいレースをしてくれるかもしれない。

それにライスシャワーは、もう七歳になった。この先、何戦走れるのかもわからない。休養させてしまえば、若い頃と違って体が元に戻るのにも時間がかかる。二度と戻らないということも考えられる。それならば走れる体がある時に、少しでも多く走らせてやりたい。

悩んだ末に、飯塚は宝塚記念への出走を決めた。

こうした慌ただしさの中で、ライスシャワーの引退後の処遇も少しずつ具体化され始めていた。骨折からは立ち直ったものの、いずれはその時がやってくる。それまでには種牡《しゅぼ》馬《ば》としての道を、なんとしても確約しておいてやりたい。

春の天皇賞の二度目の優勝も、ライスシャワーの種牡馬としての評価を一変させるまでには至らなかった。どうしても三〇〇〇m超級専用馬という特徴が、逆に欠点として評価されてしまうのだ。

もちろん単に種牡馬になるだけなら、どんな牡馬にも可能ではある。日本軽種馬登録協会に登録をすればそれでいい。

問題はむしろ繋養《けいよう》地なのだ。ライスシャワーの場合ユートピア牧場に置いておけばすむと考えられがちだが、それでは意味がない。ある程度のシンジケートを組まなければ種付けの話は回ってこないし、もちろん血統の近いユートピアの牝系と配合させるわけにもいかない。結果的に一頭分の経費が無駄になるだけだ。

そのような理由があって、牝系を中心とした生産牧場には種牡馬を置かないのが通例である。大切なのは単に馬を生かしておくだけではなく、その子孫をできるだけ多く残してやることなのだ。

そのライスシャワーに、もうひとつの朗報が届いた。引退後は種牡馬として活躍できるように、日本軽種馬協会が全面的にバックアップしようという話である。

現在日本軽種馬協会はその配下に数多くの種牡馬を管理し、それを一般よりはるかに安い価格で生産牧場に供出している。その目的は利益を追求するものではなく、あくまでも競馬界のシステムを健全に維持することにある。

そのために単に金になる種牡馬ではなく、これからの競馬界にどのような種牡馬が必要かをまず第一に考える。日本軽種馬協会ではかなりの数の外国産種牡馬も輸入しているが、当時は日本のサラブレッドにも蔓延《まんえん》しつつあるノーザンダンサー系は避ける傾向があった。たとえ生産者に人気はなくとも、血の活性化を図るために、あえて日本には少ない血統の種牡馬を意欲的に輸入する。

その日本軽種馬協会が、ライスシャワーの種牡馬としての可能性に目をつけてくれた。これからの日本の競馬界を繁栄させていくために、たとえ利益は生まなくとも、ステイヤーの血は貴重であると判断されたのだ。願ってもない話であった。

話はとんとん拍子で進んだ。宝塚記念が行なわれるのは六月の四日。その二日後の六日には、最終確認のために軽種馬協会の担当者がライスシャワーを見にくることになった。

これでライスシャワーの未来は開けた。いつでも引退し、種牡馬となることができる。ライスシャワーの能力に魅せられた者からすれば、少しでも長く走り続けていてほしいと思う。その輝きが、できれば永遠のものであってほしいとさえ願う。

しかしライスシャワーは機械ではない。まして神にはなれない。もう七歳になる一頭のサラブレッドにすぎないのだ。

すでに競走馬としてのピークを過ぎて久しい。二度に亘《わた》る骨折を経験した、脚に不安をもつ馬でもある。

どうせなら周囲に惜しまれる内に引退させ、平穏な生活を与えてやりたい。ライスシャワーはそのために、常に体力の限界を超えて戦い続けてきたのだ。

ライスシャワーは初めての主役として、京都の宝塚記念を走る。その先のレースの予定はまだ何も決まっていない。

もしかしたらこの宝塚記念が、ライスシャワーの最後のレースになるのかもしれなかった。

ラストラン

六月四日――。

深谷登は早朝の東京駅で、栗林オーナー夫人の姿を探していた。

京都で大きなレースがある日には、いつもここで待ち合わせて新幹線で現地に入る。しかしこの日は、なぜか行き違いになってしまっていた。

発車時間が迫っていた。時計に何度も目をやりながら、気ばかりが焦った。

あきらめて深谷は新幹線に乗った。

何かあったのでなければいいが……。

深谷はかすかな不安を心に抱きながら、一人京都へと向かった。

川島文夫はいつものようにライスシャワーに話しかけた。

「ライス、お早よう。今日はレースだからなあ。頑張ろうなあ……」

もしかしたらこれが最後になるのかもしれないのだから……。

川島はそういおうとして、言葉を胸の中に閉じ込めた。

わかってはいる。しかし少しでも長く、ライスといっしょにいたかった。今の川島には、ライスのいない人生など考えられなかった。

まず最初に、川島はライスの脚を見た。四日ほど前の追い切りで、ライスは蹄《ひづめ》を痛めていた。それが気になった。

だが、たいした怪我《けが》ではない。レースには影響はなさそうだった。

川島はライスの頰《ほお》をなでた。

「お前、すごいなあ。人気投票で一番だってなあ。名馬だなあ……」

ライスが珍しく、川島の手に甘えるような仕草を見せた。

レースの当日は、いつも気迫を内に秘めている。川島にさえも心を閉ざすライスだった。

そのライスが、なぜか甘えている……。

ライスが、何かをいおうとしている。

不安気な目で、いつまでも川島の顔を見つめていた。

飯塚好次は、調教師室にいた。

他の調教師仲間が愛馬の話に花を咲かせる中で、飯塚は一人ぼんやりとライスシャワーのことを考えていた。

調教はけっして順調とはいえなかった。ライスシャワーは、天皇賞の疲れがいつまでも抜けなかった。それでもレースに出す以上、やるだけのことはやらなければならない。

追い切りの動きも、時計も平凡だった。急仕上げという感がある。

しかしライスシャワーは並の馬ではない。それだけの不利を覆《くつがえ》すことのできる特別な馬なのだ。

この日の京都競馬場は稍重。だがこの二週で三つのレコードタイムが出るほど、下は固く締まっている。それがライスシャワーに、どのように影響するのか……。

考えれば考えるほど、思いは尽きない。ライスシャワーと出会ってからは、いつもそうだった。

飯塚は前年の一二月で六二歳になった。そのほとんどを、馬とともに過ごした人生だった。しかし考えてみれば、ライスシャワーと過ごした四年間が、飯塚の人生の内で最も充実した時間だった。

あれだけの馬は滅多に出ない。調教師をやっていても、一生に一度出会えるかどうかの馬だ。ライスシャワーがいてくれたからこそ、調教師としての今の自分がある。

そのライスシャワーが間もなく引退していく。

淋《さび》しくなるな……。

だが、引退した後、ライスシャワーは種牡馬になる。毎年、数多くの仔馬《こうま》が生まれてくるだろう。運が良ければ、その中の一頭に、また縁があるかもしれない。

どんな仔馬が生まれてくるのだろうか。その仔馬と、もう一度自分は栄光のターフを駆けることができるかもしれない。

想像するまでもなく、それは素晴らしいことであった。


スタートの時間が迫っていた。

「さあて、そろそろ行こうか、ライス。お客さんがみんなお前を待ってるぞ……」

川島はライスシャワーを引き、パドックへと向かった。

前日の雨が上がり、晴れ渡った淀の空がやけに眩《まぶ》しかった。

深谷はその様子をスタンドの馬主席から見ていた。横にはひと足遅れて京都に入ったオーナー夫人がいた。なんとなく、重苦しい空気が流れていた。

ライスシャワーは、いつものようにおとなしくパドックを回っていた。気迫を表に出さない馬である。他の馬のように、入れ込むということがない。

しかしこの日は、どこかがおかしかった。闘争心が、まったく感じられない。

「今日はいやに落ち着いていますね。どこか、いつもと違う……」

その言葉に、育子夫人が小さく頷《うなず》いた。

パドックを歩くライスシャワーに、間もなく的場均が乗った。

いつもより、ライスの背が小さく見えた。締まっているというより、痩《や》せたという印象があった。

その肩を的場は、軽く叩いた。

やはり、気迫が感じられなかった。気合がまったく入っていない。

どうしちゃったんだ、ライス。お前はそんな馬じゃなかったはずだぞ……。


パドックを終えて、本馬場入場に向かう。

スタンドの前で、川島は引き綱を外した。

ライスが、川島の手を離れた。

的場と川島が軽く挨拶《あいさつ》を交わす。その時ライスが、一瞬川島の顔を見たような気がした。

ライスの後ろ姿が遠ざかっていく。

川島は踵《きびす》を返し、厩務員室へと向かった。


全員がユートピア牧場の事務所に集まっていた。

久保、竹田、高橋、帰山。他にも分場の瀧田や、夏の間に千葉の大東牧場から応援に駆けつけてくれている二人の女性厩務員らの姿もあった。

ライスシャワーが走る日は、彼らにとって特別な日だ。二着に入ったダービー以来、牧場の全員がテレビの前に集まって観戦するのが恒例となっていた。

ライスシャワーは春の天皇賞で復活を遂げた。そしてこの日、ファンの夢を乗せて走る第三六回宝塚記念で、〝自分たちの黒い仔馬〟が初めて主役の舞台に立つ。

このレースの展望に、そして数々の思い出話に力が入る。久保も竹田も、ライスが種牡馬となることを知っていた。引退が近いことも知っていた。こうして皆が集まってテレビを観戦するのも、これが最後になるかもしれないことをわかっていた。

牡馬は、特別なことでもない限り、故郷に戻ってくることはない……。

ライスシャワーは種牡馬となっても、他の牧場に繋養されることになる。ユートピアには帰らない。そして近親となるここの牝馬にも、種付けをすることはない。

ライスシャワーの仔馬を自分たちで育てられないことが、久保にも竹田にも淋しかった。


画面に返し馬に入るライスシャワーが映し出された。

大東牧場の厩務員たちは、その光景を牧場の控室のテレビで見ていた。

その中には初めてライスシャワーの背に乗って走った平子秀吾、最後の担当厩務員となった山本豊子らの姿もあった。

山本は大学出の厩務員という珍しい経歴をもっている。動物が、特に馬が好きでたまらなくて、この世界に飛び込んだ。

最初に担当したのが、骨折の後にユートピア牧場から戻ってきたライスシャワーだった。

皆がいうように本当にすごい馬なのかどうか、山本にはわからなかった。ただおとなしくて可愛《かわい》い馬、という印象があった。

そのライスシャワーが、春の天皇賞に勝った。そして今日の宝塚記念には、人気投票第一位の主役として出走する。

山本にとってライスシャワーは、いつも胸をときめかせてくれる存在だった。


間もなくレースが始まる。

川島は厩務員室を出て、スタンドの物陰から一人でライスの姿を目で追っていた。

レースを前にして、考えることはいつも同じだ。できれば勝ってほしいとは思う。しかしそれは川島にとって、常に二の次のささやかな望みにすぎない。

それよりもまず、無事に走り切ってほしい。そして元気な姿で、自分の元に戻ってきてほしいと願う。

この四年間、本当に長いようで短かった。思い出してみると、川島はいつもライスのことを心配していた。

物陰から、いつもライスだけを見続けていた。

ファンファーレが鳴った。

〝二人〟にとってちょうど二〇回目の区切りである。

的場はライスシャワーとともに、ゆっくりと一六番のゲートへと向かった。

いろいろなことがあった。

ここに行きつくまでに二人には、他人に語り尽くせないほどの遠い道のりがあった。数々の葛藤《かっとう》があり、その上に栄光があり、挫折《ざせつ》があり、そして常に新たな発見があった。最初にライスの背に乗った時には、その才能を見抜くこともできなかった。ダービーで二着に入り、初めてライスが特別な馬であることに気が付いた。ミホノブルボンに打ち勝った菊花賞では、勝利の喜びを分かち合った。メジロマックイーンと戦った最初の天皇賞では、的場はその気迫を恐れ、馬に尊敬の念を抱くことを知った。

長く、つらい時があった。幾度となく苦汁を嘗《な》めた。そしてこの春、二度目の春の天皇賞で、二人は確かに奇跡の光を見た。

二人はいつも運命をともにして走り続けてきた。その数々のドラマも、間もなく幕を閉じようとしている。

先程からライスが、的場に何かを伝えようとしている。

これが最後かもしれないというのに、いつものライスらしさが伝わってこない。

「どうしたんだ、ライス……。元気出せよ。今日はお前、初めての主役なんだぞ……」

勝てなくてもいい。そんなことを気にすることはないじゃないか。

誰もが知っている。勝てないとは思いながら、お前の走る姿を見たがっている。せめてはずかしくないレースをやろうじゃないか。お前は、英雄なんだ。
時間が刻一刻と迫っていた。出走馬が次々とゲートに誘導されていく。
そして、的場とライスシャワーも、入った。
歓声が湧《わ》き上がった。
ライスシャワーの力強い心臓音が、的場の耳から掻《か》き消された。
この歓声は、すべてお前とおれのためにある。
係員が、ゲートの前から散った。
「行くぜ、相棒」
湿気を帯びた大気を、ゲートの金属音が裂いた。
二人は最後のゴールに向けて、栄光の淀の芝を蹴《け》った。

あとがき

疾走の馬
青嶺《せいれい》の魂《たま》と
なり
——大東《だいとう》牧場
ライスシャワーの碑より

稀代《きたい》の名ステイヤー、ライスシャワーは逝った。

平成元年三月五日に生まれ、平成七年六月四日の宝塚記念まで、わずか六年余の生涯であった。

私はあえてその最後の瞬間を、本文中に描写することを避けた。

すでに当時の様子は各マスコミによって詳細に報道されている。事故の場面は幾度となくテレビの画像に映し出され、我々の心に焼きついている。

それをさらにここで、興味本位でもう一度むし返す必要はない。そう判断したためである。

ライスシャワーは人一倍プライドの高い馬だった。常に勝つことのみを追い求め、負けることを恥と知っていた。

闘争心を忘れることなく、自らの限界に挑み続けた。彼にとって淀の芝は、栄光への伝説を刻むためにだけ存在した。

その壮烈な生き様に対し、一人の男として、ライスシャワーの美学をそこなう瞬間を書き記《しる》すわけにはいかなかった。

我々はすでに知っている。ライスシャワーがいかにして生まれ、いかにして戦い、いかにして生きたのかを。それだけで十分ではあるまいか。これ以上、何を求めるものがあるだろうか。

確かにライスシャワーは、その子孫をこの世に残すことはできなかった。これは三〇〇年にも及ぶサラブレッドの歴史の中で、明らかに取り返しのつかない損失だった。

しかしライスシャワーは、人々の心の中に、かけがえのない財産を残してくれた。我々現代人がどこかに置き忘れてきてしまったものを、その生き様によって指し示してくれたのである。

以前、アイルトン・セナというF1レーサーがいた。ブラジルの名家に生まれ、八〇年代のF1シーンを風のように走り抜け、九四年五月にイタリアのイモラに散った孤高の天才レーサーだった。

人間と馬とを比較することは、暴挙であろう。

しかしなぜか私は、ライスシャワーについて想《おも》いを馳《は》せる折に、ついこのアイルトン・

セナのイメージをオーバーラップさせてしまう。両者は、あまりにも多くの共通点で結ばれているように思えてならないのだ。

どちらもスピードという時間との戦いに、命を懸けていた。常に精神が肉体を超え、限界に挑み続けていた。セナにはプロストとマンセルが、ライスシャワーにはミホノブルボンとメジロマックイーンという屈強のライバルがいた。その戦いの中に自らを燃焼させることによって生き、そして散っていった。

よくいわれるように、この両者を「可哀《かわい》そうだ」とは思わない。いや、思いたくはない。彼らは自分の意志によって生きた。自分で戦う道を歩んだ。悲劇はその選択肢の中で、必然的に起こりうるべき結末だった。それを哀れみの念によって断ずることは、彼らの生き様そのものを否定することになる。

ライスシャワーはカリスマとなった。

カリスマとは、「奇蹟をほどこし予言を行なう神賦の資質」である。

確かに彼は、我々に奇蹟をほどこしてくれた。ならば、さらなるもう一方の資質、〝予言〟とは何を指し示すのか。

いま我々が彼に応《こた》える術《すべ》があるとすれば、それを考えることではなかろうか。いずれライスシャワーの〝予言〟が、未来の競馬界において実現されることを切に望む。

この場を借りて、本文中に収録できなかった細かいデータ等を以下に記載しておく。

ライスシャワーの生涯戦績は二五戦六勝。二着五回。競走中止一回。内、主戦騎手となった的場均が騎乗したものは二〇戦四勝。この中にはGⅠ三勝が含まれている。

コース別では京都競馬場が三勝。中山二勝。新潟一勝。生涯を通じて全レースを芝コースで戦い、勝ち鞍《くら》はすべて右回りだった。

ライスシャワーが通算三回以上戦い、一勝もできなかった相手はレガシーワールドのみである。

レガシーワールドは戸山の死後もジャパンカップに優勝するなどの活躍を見せたが、六歳以後は故障に泣かされ、平成八年七月七日に引退した。その後は生まれ故郷の静内《しずない》に戻り、平穏な余生を送った。

同期のライバルとして通算一〇戦に亘《わた》り好勝負を演じたマチカネタンホイザは、長い休養の末に平成七年七月に復活。この年の高松宮杯に優勝し、有終の美を飾った。その後平成八年一月一〇日に引退し、種牡馬《しゅぼば》となった。

菊花賞でライスシャワーに敗れ、故障したミホノブルボンは、結局再起できなかった。平成六年一月二六日に引退。その後は日高《ひだか》軽種馬農協門別《もんべつ》種馬場において、種牡馬としての生活を送った。

メジロマックイーンも天皇賞の後に二戦し、平成五年一一月二四日に種牡馬となった。平成一〇年はその初年度産駒《こま》のクラッシックでの活躍が注目された。

ユートピア牧場の同郷のブレイジングレッドは、ダービーの後もオープン馬として定着できなかった。その後は地方で下級条件馬として戦っていたが、後の所在は不明である。

クリトライは不運だった。ライスシャワーがセントライト記念に二着となった平成四年九月二七日、同じ中山競馬場の第一〇レースに出走したが、道中で故障を発生。正式には引退、乗馬と記録されているが、後にこの故障が元で廃馬となった。

ライスシャワーの母ライラックポイントは、平成六年の春にもう一度リアルシャダイが付けられたが、結局受胎しなかった。

その二年後にドクターデヴィアスの仔《こ》を出産。しかし平成九年の一二月に病死している。

その名のとおり幾多の人々に幸せを降り注いだライスシャワーは、母と同じユートピア牧場の墓に眠っている。

平成一〇年三月

柴田《しばた》哲孝《てつたか》

ライスシャワー血統表

リアルシャダイ	ロベルト	ヘイルトゥリーズン	ターントゥ
			ノーサードチャンス
		ブラマリー	ナシュア
			Rarelea
	デザートヴィクスン	In Reality	Intentionally
			My Dear Girl
		Desert Trial	Moslem Chief
			Scotch Verdict
ライラックポイント	マルゼンスキー	ニジンスキー	ノーザンダンサー
			フレーミングページ
		シル	バックパサー
			クイル
	クリカツラ	ティエポロ	Blue Peter
			Trevisana
		クリノホシ	プリメロ
			オホヒカリ

ライスシャワー全成績

年月日	競馬場	レース名		距離	騎手	斤量	人気	着順	馬場	馬体重	タイム	1(2)着馬	差
3. 8.10	新潟	新馬		1000	水野	50	2	1	良	446	58.6	ダイイチユリモン	クビ
9. 1	新潟	新潟3歳S	GⅢ	1200	菅原泰	53	3	11	良	446	1.11.7	ユートジェーン	5
9.21	中山	芙蓉S		1600	水野	53	2	1	重	444	1.36.1	アララットサン	頭
4. 3.29	中山	スプリングS	GⅡ	1800	柴田政	56	12	4	重	450	1.51.7	ミホノブルボン	9
4.19	中山	皐月賞	GⅠ	2000	的場	57	11	8	良	438	2.02.8	ミホノブルボン	8
5.10	東京	NHK杯	GⅡ	2000	的場	56	9	8	重	434	2.03.4	ナリタタイセイ	4¼
5.31	東京	ダービー	GⅠ	2400	的場	57	16	2	稍重	430	2.28.5	ミホノブルボン	4
9.27	中山	セントライト記念	GⅡ	2200	田中勝	56	3	2	良	442	2.13.6	レガシーワールド	頭
10.18	京都	京都新聞杯	GⅡ	2200	的場	57	2	2	良	438	2.12.2	ミホノブルボン	1½
11. 8	京都	菊花賞	GⅠ	3000	的場	57	2	1	良	438	3.05.0	ミホノブルボン	1¼
12.27	中山	有馬記念	GⅠ	2500	的場	55	2	8	良	446	2.34.1	メジロパーマー	3½
5. 2.21	東京	目黒記念	GⅡ	2500	的場	59	2	2	良	448	2.32.8	マチカネタンホイザ	2½
3.21	中山	日経賞	GⅡ	2500	的場	58	1	1	良	442	2.35.8	イタリアンカラー	2½
4.25	京都	天皇賞（春）	GⅠ	3200	的場	58	2	1	良	430	3.17.1	メジロマックイーン	2½
9.19	中山	オールカマー	GⅢ	2200	的場	57	1	3	良	436	2.13.6	ツインターボ	6
10.31	東京	天皇賞（秋）	GⅠ	2000	的場	58	1	6	良	444	1.59.6	ヤマニンゼファー	4
11.28	東京	ジャパンカップ	GⅠ	2400	的場	57	7	14	良	444	2.25.9	レガシーワールド	9
12.26	中山	有馬記念	GⅠ	2500	的場	57	5	8	良	446	2.32.1	トウカイテイオー	7
6. 2.13	阪神	京都記念	GⅡ	2200	的場	60	2	5	稍重	444	2.18.3	ビワハヤヒデ	10
3.20	中山	日経賞	GⅡ	2500	的場	59	2	2	良	442	2.32.8	ステージチャンプ	ハナ
12.25	中山	有馬記念	GⅠ	2500	的場	56	4	3	良	452	2.33.1	ナリタブライアン	6
7. 2.12	京都	京都記念	GⅡ	2200	的場	60	1	6	良	450	2.12.5	ワコーチカコ	4½
3.19	中山	日経賞	GⅡ	2500	的場	59	1	6	不良	446	2.42.3	インターライナー	8
4.23	京都	天皇賞（春）	GⅠ	3200	的場	58	4	1	重	442	3.19.9	ステージチャンプ	ハナ
6. 4	京都	宝塚記念	GⅠ	2200	的場	56	3	中止	稍重	438		ダンツシアトル	

第53回　菊花賞（GⅠ）

枠	馬	馬名	性齢	斤量	騎手	人気	馬体重(増減)		タイム(着差)
4	8	ライスシャワー	牡4	57	的場	2	438	±0	R3.05.0
4	7	ミホノブルボン	牡4	57	小島貞	1	512	+4	1¼
5	10	マチカネタンホイザ	牡4	57	岡部	3	484	+4	アタマ
1	2	メイキングテシオ	牡4	57	大崎	6	446	−4	7
8	18	ダイイチジョイフル	牡4	57	千田	8	454	±0	2
7	15	セキテイリュウオー	牡4	57	田中勝	13	456	−6	½
3	5	ワカサファイヤー	牡4	57	小屋敷	10	454	+2	1½
1	1	ヤマニンミラクル	牡4	57	河内	5	450	+2	クビ
7	13	ヤングライジン	牡4	57	佐藤哲	12	440	+4	1¼
3	6	グラールストーン	牡4	57	松永昌	9	522	−6	ハナ
8	16	スーパーソブリン	牡4	57	横山典	4	468	+6	½
2	4	メイショウセントロ	牡4	57	上籠	18	494	+2	クビ
8	17	セントライトシチー	牡4	57	南井	15	488	−2	1
5	9	ランディーバーン	牡4	57	菅谷	16	416	−4	½
7	14	バンブーゲネシス	牡4	57	武	7	532	±0	クビ
6	12	キョウエイボーガン	牡4	57	松永幹	11	416	±0	¾
2	3	サンキンタツマー	牡4	57	石橋	14	452	+2	3
6	11	ヘヴンリーヴォイス	牡4	57	田面木	17	488	−8	アタマ

第107回　天皇賞（春）（GⅠ）

枠	馬	馬　名	性齢	斤量	騎手	人気	馬体重（増減）	タイム（着差）
2	3	ライスシャワー	牡5	58	的場	2	430　−12	R3.17.1
8	14	メジロマックイーン	牡7	58	武	1	500　− 4	2½
5	9	メジロパーマー	牡7	58	山田泰	4	472　− 2	¾
3	5	マチカネタンホイザ	牡5	58	岡部	3	478　−10	6
6	10	レットイットビー	牡6	58	佐藤哲	10	466　± 0	5
6	11	アイルトンシンボリ	牡5	58	柴田政	6	488　± 0	クビ
3	4	ムッシュシェクル	牡6	58	松永幹	7	468　＋ 4	½
5	8	シャコーグレイド	牡6	58	蛯名正	9	468　− 6	1¼
7	13	イクノディクタス	牝7	56	村本	14	464　− 2	アタマ
4	6	タケノベルベット	牝5	56	河内	5	450　＋ 2	アタマ
7	12	ジャムシード	牡5	58	田原	8	480	8
2	2	トーワナゴン	牝5	56	小谷内	15	440　− 4	1¾
8	15	キョウワユウショウ	牡6	58	安田康	13	492　− 6	½
4	7	ゴールデンアイ	牡6	58	藤田	12	466　± 0	4
1	1	キョウワハゴロモ	牝5	56	岸	11	502　− 6	3

第111回　天皇賞(春)(GI)

枠	馬	馬名	性齢	斤量	騎手	人気	馬体重(増減)	タイム(着差)
2	3	ライスシャワー	牡7	58	的場	4	442 －4	3.19.9
7	15	ステージチャンプ	牡6	58	蛯名正	6	452 －2	ハナ
8	17	ハギノリアルキング	牡6	58	武	3	470 －2	¾
7	13	インターライナー	牡5	58	横山典	2	496 ±0	1¼
1	1	エアダブリン	牡5	58	岡部	1	466 －6	1¼
4	8	ゴーゴーゼット	牡5	58	村本	10	422 ±0	1½
7	14	アルゼンチンタンゴ	牡7	58	田原	8	464 －16	クビ
8	18	ダイイチジョイフル	牡7	58	ロバーツ	11	474 ＋2	1½
2	4	サンライトウェイ	牡6	58	上村	7	460 ＋6	2
3	6	ワンダフルタイム	牡5	58	塩村	14	462 ＋2	ハナ
5	9	イイデライナー	牡5	58	南井	16	442 －2	2½
4	7	ヤシマソブリン	牡5	58	坂井	5	458 －4	3½
6	12	タマモハイウェイ	牡6	58	四位	12	474 ＋4	クビ
8	16	クリスタルケイ	牡7	58	幸	13	466 －2	アタマ
1	2	アグネスパレード	牝5	56	河内	9	466 －6	1¾
6	11	キソジゴールド	牡7	58	安田康	17	488 ＋2	1½
3	5	ヤマニンドリーマー	牝7	56	松永幹	18	472 －6	3½
5	10	メイショウレグナム	牡8	58	小島太	15	514 －4	4

(この作品は、平成十年四月、祥伝社文庫で刊行されたものに加筆訂正を加えたものです。馬齢は当時の表記法によっています)

Haruki Bunko
ハルキ文庫

し 16-1

伝説《でんせつ》の名馬《めいば》 ライスシャワー物語《ものがたり》

著者 柴田《しばた》哲孝《てつたか》

2021年12月18日第一刷発行

発行者 角川春樹

発行所 株式会社角川春樹事務所
〒102-0074 東京都千代田区九段南2-1-30 イタリア文化会館

電話 03(3263)5247(編集)
03(3263)5881(営業)

印刷・製本 中央精版印刷株式会社

フォーマット・デザイン 芦澤泰偉
表紙イラストレーション 門坂 流

ISBN978-4-7584-4451-4 C0195 ©2021 Shibata Tetsutaka Printed in Japan
http://www.kadokawaharuki.co.jp/[営業]
fanmail@kadokawaharuki.co.jp[編集] ご意見・ご感想をお寄せください。

柴田哲孝の本

幕末紀

「宇和島藩伊達家の墓所の中にある」柴田家の墓。重臣といえるほどの名家ではない柴田家が、なぜそのような所に祀られているのか。その謎を解く鍵となる人物が、著者の四世代前の祖先、高祖父に当たる〝柴田快太郎〟であった——！　八代藩主伊達宗城の密命を受け脱藩したという高祖父の伝説を、『下山事件　最後の証言』で昭和史の謎を掘り起こした柴田哲孝が、再び現代に蘇らせる！
幕末の動乱を迫真の筆致と視点で描く、歴史小説の傑作、誕生。

単行本